みんながハッピー！

レクリエーションアイデア3

バスレク

監修

蒲地啓子

（帝京大学大学院教職研究科 客員准教授）

土井 純

（横浜市立綱島東小学校長）

横浜市児童指導教育研究会

この本で紹介しているレクリエーションは、「子どもの社会的スキル横浜プログラム（Y-P）」をもとにつくられたものです。

レクリエーションって何だろう？

　レクリエーション（レク）は、学校やクラスの雰囲気《ふんいき》をよくしたり、より仲《なか》よくなったりするためのアクティビティのこと。楽しく盛《も》り上がるのはもちろん、その中で起きる交流をとても大切にしています。

　レクは、本来、そこに集まった人たちの緊張《きんちょう》や不安《ふあん》を取り去り、リラックスして活動しやすくするためのものです。楽しく和《なご》やかな雰囲気《ふんいき》のなかで、人と協力《きょうりょく》しつながりを深め合い、たがいが大事な友達《ともだち》であることを感じる場でもあります。

　ですから、レクをやってみようとこの本を開いたみなさんは、そのレクに参加《さんか》するすべての人が安心して笑《わら》い合い、楽しい場として感じることができるように、心がけてみてくださいね。そして、とくにレク係さんは、それをリードできるよう、チャレンジしてください。

　楽しいレクの時間になることを応援《おうえん》しています！

バスレクって？

　この巻《かん》では、バスの移動《いどう》時間に楽しめるレクをしょうかいしています。バス移動《いどう》はみんなが同じ空間・同じ時間を過《す》ごす絶好《ぜっこう》の機会《きかい》です。楽しいレクを行うことで、単なる移動《いどう》時間が、みんなの仲《なか》を深める、すてきな時間に変わります。また、バスが到着《とうちゃく》してからの活動へのきもちを高めることもできます。

バスレクのポイントは P.7へ

☆ このシリーズのレクのとくちょう

この本は、だれもが楽しめる、そして安心して活動に参加《さんか》できるレクのプログラムを集めました。レクに参加《さんか》するすべての人にとって、いやな思いや不安《ふあん》な思いをすることのないように、内容《ないよう》や手順《てじゅん》を考えてあります。

また、レクを全員が楽しみ、うまく進められるように、どのレクにも共通《きょうつう》して、「暴力《ぼうりょく》 NO」「パス OK」「持ち出し禁止《きんし》」という「３つの基本《きほん》ルール」を設《もう》けました。必《かなら》ず全員が理解《りかい》した上で行いましょう。これを全員が守ることによって、だれもが安心して豊《ゆた》かなコミュニケーションを楽しむことができるのです。

☆ 3つの基本ルール

1 心も体も！「暴力《ぼうりょく》」はNO！

人の体や心を傷付《きずつ》けること、例《たと》えば相手がいやだと思うことばや、無視《むし》、人によって反応《はんのう》を変《か》える等も絶対《ぜったい》にしてはなりません。**そこにいるだれも傷付《きずつ》けないことを考えて行動します。**

2 無理《むり》なく楽しもう パスしてもOK！

苦手なことや不安なことがあり、参加《さんか》したくない人は**「パス」と言って見ているだけの参加《さんか》も OK** です。**見ているうちに「やってみたい」と思えば、途中《とちゅう》からの参加《さんか》もできます**。レクは無理《むり》に参加《さんか》しなければいけないものではありません。

3 ほかでは話さない！ 持ち出し禁止《きんし》！

レクを心から楽しんだり、普段《ふだん》とちがう自分を表現《ひょうげん》したりするために、「この場のことは、この場だけのこと」として、**よそでは話題にしません**。悪気はなくても別《べつ》の機会《きかい》や、ほかの人との話題に出されるのは、いやだと思う人もいます。

★ 指導者のみなさんへ

このレクリエーションプログラム集は「子どもの社会的スキル横浜プログラム（Y-P）」をベースにして作成されています。本来は、教師が教室で実践するものですが、子ども達の力でもできるようにていねいに解説を加えてあります。子ども達が実施するに当たっては、先生方がレク係となる子ども達の力や、参加対象となる子ども達の状況を見極めたうえで支援していただくことが大切です。このレクリエーションプログラム集の理念と、この本で紹介しているレクについての指導者の指導のポイントを、P.42にくわしく掲載しています。お読みいただき、参加する全ての子どもが、安心して楽しく豊かなレクリエーションの時間を楽しむことができるよう、ご支援ください。

「子どもの社会的スキル横浜プログラム（Y-P）」とは

子どもたちの社会的スキルを育て温かな学校・学級風土を醸成することを目的としたプログラム。横浜市教育委員会がいじめや不登校対策として作成したガイダンスプログラム（集団で行う生徒指導プログラム）です。

もくじ

この本の使い方

レクのしょうかいページ

本文は、そのまま読み上げれば、参加者《さんかしゃ》への説明《せつめい》に使えます。

ねらい
レクを通して経験《けいけん》できること、身につけられることをしょうかいしています。

二次元コード
レクの説明《せつめい》をするときに便利《べんり》なスライドを PDF 形式でダウンロードできます。

あそびかた
レクのあそびかたについて、順《じゅん》を追ってくわしくしょうかいしています。

スライド番号
この番号が、スライドの右上の番号になっています。スライドの使い方はこのページのいちばん下を見てください。

たとえばこんな感じ
レク係が見本を見せる場面を示《しめ》しています。

楽しくなるコツ
ほかの人への声のかけ方や、アレンジして楽しむアイデアなど、レクを楽しむコツがわかります。

人数
レクをする人数の目安です。

時間
レクにかかる時間の目安です。

準備《じゅんび》
準備《じゅんび》のあり・なしはここをチェック。

場所
そのレクをするのに向いている場所です。

使うもの
レクをするために必要《ひつよう》なものです。必《かなら》ずチェックしましょう。バスレクでは備《そな》えつけのマイクを使います。シートを使う場合は、P.46からダウンロードしたり、コピーしたりします。

準備《じゅんび》
レクの前に済《す》ませておく準備《じゅんび》です。道具やシートの配り方、みんなに知らせておくことなどが書いてあるので、必《かなら》ずチェックしましょう。

3つの基本《きほん》ルール
レクを安心・安全に楽しむために必《かなら》ず守るべき、3つのルールです。
→3つの基本《きほん》ルールについては、P. 3を見ましょう。

レク用シート

「Let's ぱぴぷぺぽん」(P.12) や「お絵かきリモコン」(P.20) など、紙を使うレクには、専用《せんよう》のシートを用意しています。二次元コードからダウンロードしてプリントするか、この本をコピーして使いましょう。

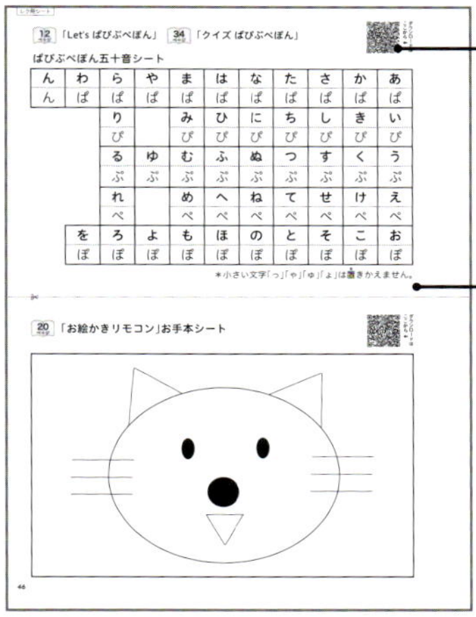

二次元コード
レク用シートの二次元コードです。シートをダウンロードすることができます。

切り取り線
点線がある場合は、線に沿《そ》ってはさみやカッターで切り取りましょう。

スライドの使い方

❶ダウンロードしよう
この本ではすべてのレクに説明《せつめい》用スライドを用意しています。二次元コードを読み込《こ》み、ダウンロードして保存《ほぞん》しましょう。
以下《いか》のURLからもダウンロードできます。
https://www.poplar.co.jp/pr/recreation-idea/

❷見せながら説明《せつめい》しよう
レクのあそびかたを説明《せつめい》するとき、スライドをタブレットの画面に表示《ひょうじ》させてみんなに見せたり、モニターに映《うつ》すなど、共有《きょうゆう》しながら話すと、より伝《つた》わりやすくなります。

❸状況に合わせてアレンジしよう
文章がグレーになっている部分は、参加《さんか》する人数や様子に合わせて変更《へんこう》できます。(入力するときは、半角数字を使いましょう)

レク係さんは必《かなら》ず読もう！

レクをやってみよう！

レクの時間を計画したり、しきったりするレク係さんの大事なポイントをしょうかいします。

1 レクを選《えら》ぼう

レクをする人数や使える時間、場所などを確認《かくにん》しましょう。使うものや準備《じゅんび》のあり・なしもチェックしてください。P.8のチャートや、P.44の早見表からレクを選《えら》ぶのもおすすめです。

2 レク係の中でも役《やく》割《わり》分《ぶん》担《たん》しよう！

司会《しかい》進行役のリーダーのほか、使うものを配る係、時間を計測《けいそく》する係、レクによっては審判《しんぱん》や参加《さんか》者を見守る係などを決めておくと、レクがスムーズに実行できます。

3 説《せつ》明《めい》の練習をしよう！

参加《さんか》者にレクのやり方をきちんと伝《つた》えるために、事前に説明《せつめい》の練習をしましょう。この本の文章をそのまま読み上げたり、スライドを使ってイラストを見せたりしながら説明《せつめい》します。

☆たとえばこんな感じです。と書かれているところは、レク係が見本を見せる場面です。参加《さんか》者に伝《つた》わるように、大きく声を出したり動いたりするといいでしょう。

レク係で事前にレクをひと通りやってみて、全体の流れや、みんながとまどいそうなところを知っておくことも大事です。

4 「もしも」に備《そな》えよう

レク中に起こりそうなハプニングなどに備《そな》えて、そのときにどうすればいいかを、以下《いか》の例《れい》を参考《さんこう》にみんなで話し合っておきましょう。

★本に書いてある人数より、メンバーが少ない班《はん》ができたら
⇒レク係がその班《はん》に入って補《おぎな》う。

★参加《さんか》したいのにできなさそうな人がいたら
⇒なるべくみんなに気づかれないように、そっと声をかける。

★使う物が足りなくなったら
⇒そうならないために、事前に多めに用意しておく。

★時間が足りなくなりそうなら
⇒途中《とちゅう》で省略《しょうりゃく》できるところを考えておく。

5 先生に必《かなら》ず相談・報告《ほうこく》しよう

レクの時間は、学習時間のひとつ。行うレクや必要《ひつよう》な準備《じゅんび》など、必《かなら》ず先生に報告《ほうこく》しましょう。レクは先生がいるところで行うことが基本。トラブルが起きたときは、レク係だけで解決《かいけつ》しようとせず、先生に相談することが大切です。

片《かた》づけも忘《わす》れずに！

使ったものはもちろん、マイクなど、レクのために移動《いどう》させたものがあれば元通りにしておきましょう。

バスレクのポイント

心も体も安全第一

レク中は必《かなら》ずシートベルトをしめて、立ち歩くのは厳禁《げんきん》です。運転手さん、ガイドさん、先生の指《し》示《じ》には必《かなら》ず従《したが》ってください。乗り物酔《よ》いで気分が悪くなる人がいるかもしれません。近くにいる人に気を配りながらレクを楽しみましょう。

レク係は指示《しじ》をはっきりと

レク係が進行・説明《せつめい》するときはマイクを使い、いつもよりゆっくり・はっきりと話すことを意《い》識《しき》しましょう。手の動きを見せるときなどは、後ろの座席《ざせき》に見えるように、高くかかげるようにしてください。みんなが見たり記入したりするものは、しおりに入れておくと便利《べんり》です。

ぴったりのレクを選《えら》ぼう！

スタート！

ねらいは？
失敗《しっぱい》をおそれず楽しもう

時間は？
10分 / 15分 / ～15分

準備《じゅんび》は？
なし / あり / なし

とくちょうは？
ことばに集中 / じゃんけんあそび / 手あそび / リズムあそび / きもちを合わせる

- 10分 → なし → ことばに集中 → 命令《めいれい》ゲーム P.10
- 10分 → なし → じゃんけんあそび → 後出しじゃんけん P.14
- 10分 → なし → 手あそび → アップダウンキャッチ P.18
- 15分 → あり → Let's ぱぴぷぺぽん P.12
- ～15分 → なし → リズムあそび → リズム九九遊び P.24
- ～15分 → なし → きもちを合わせる → 手拍子《てびょうし》チームワーク P.30

命令《めいれい》ゲーム

P.10

アップダウンキャッチ

P.18

リズム九九遊び

P.24

後出しじゃんけん

P.14

Let's ぱぴぷぺぽん

P.12

手拍子《てびょうし》チームワーク

P.30

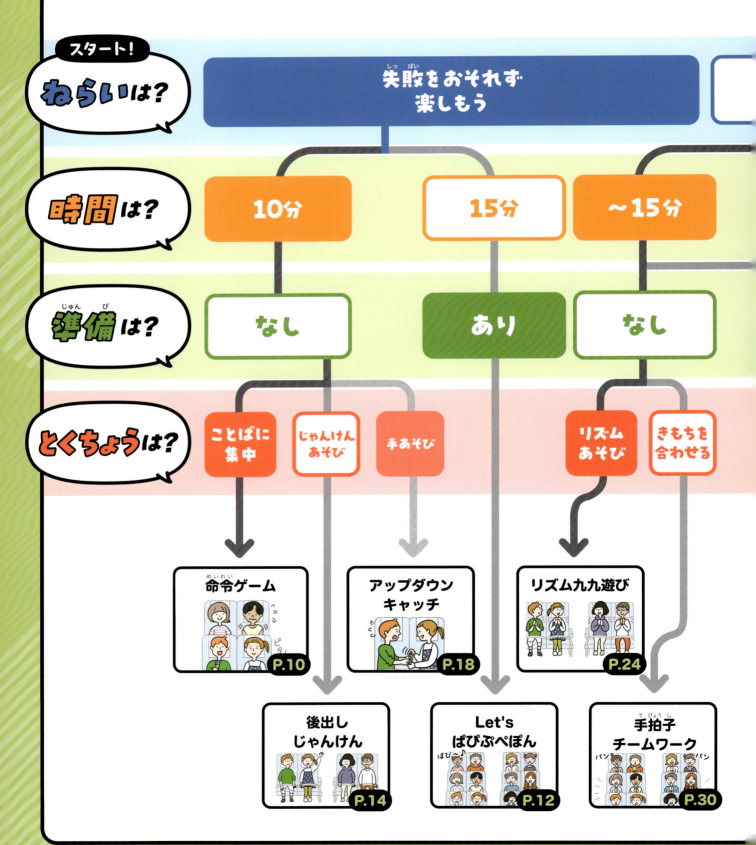

この本では、バスの移動《いどう》時間におすすめの14のレクリエーションをしょうかいしています。この表では、レクのねらいや、かかる時間の目安、準備《じゅんび》のあり・なしを選《えら》ぶだけで、条件《じょうけん》に合うレクがすぐにわかります。さあ、チャレンジしてみましょう！

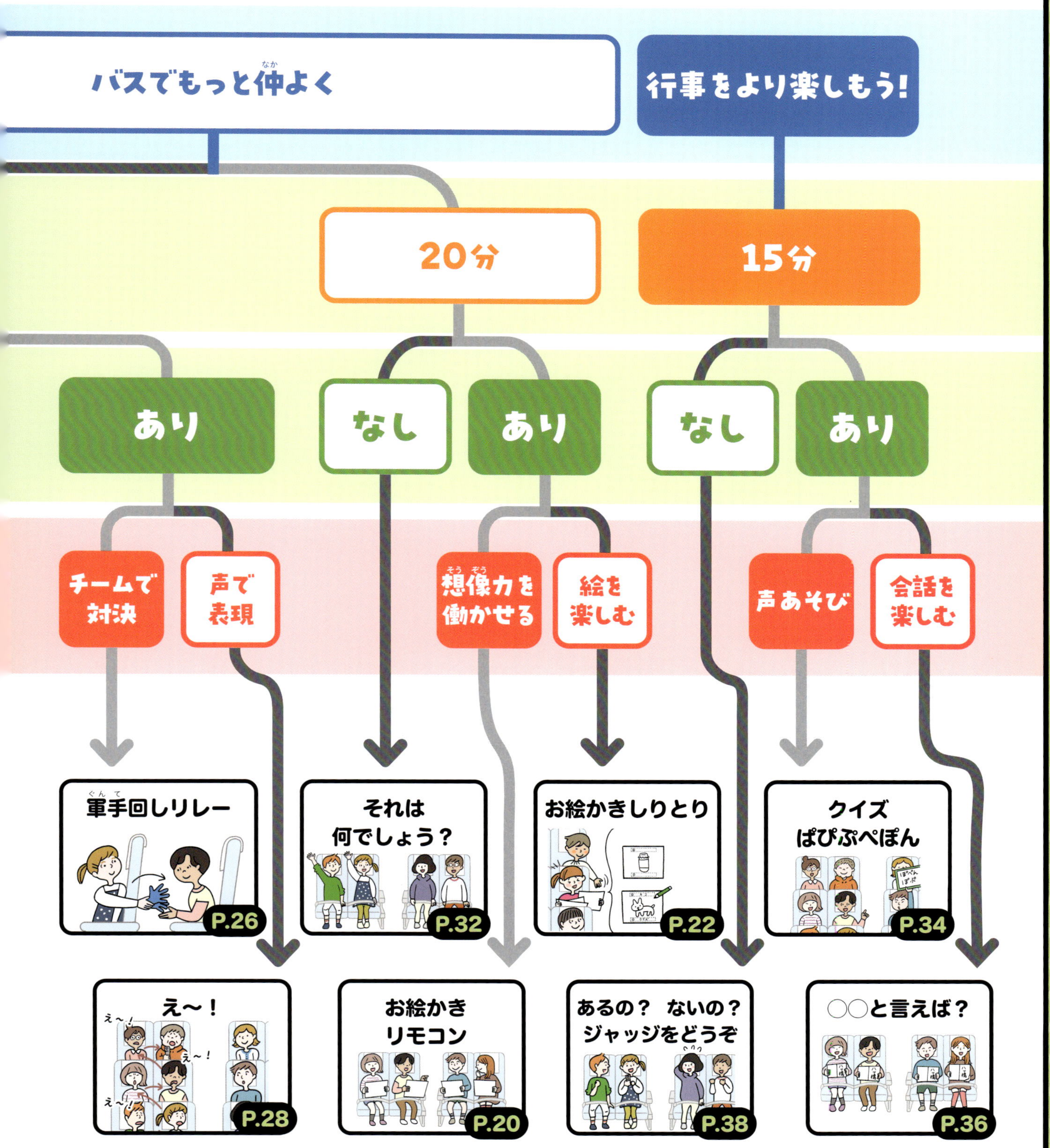

1

★ねらい★

失《しっ》敗《ぱい》をおそれず楽しもう

命《めい》令《れい》ゲーム

説《せつ》明《めい》スライドは
こちらから
↓

どんなレク？

リーダーが「レッツ！」と言ったときだけ、指《し》示《じ》通りに動くレクです。一見かんたんな遊びですが、スピードアップするほど、難《むずか》しくなっていきますよ。

☞スライド①

4人以《い》上《じょう》

10分くらい

準《じゅん》備《び》なし

バスや教室

つい、あたふたしちゃう！？
「レッツ！」のかけ声で動こう！

あそびかた

まずレク係が指示《しじ》を出すリーダー役をやります。

リーダーが指示《しじ》のことばと、動きの見本を4つくらい決めて見せます。☆たとえばこんな感じです。ほかの人はまねをしながら、動きをおぼえましょう。

動きをおぼえたら、ゲームスタートです。リーダーが「レッツ○○」と動きを指示《しじ》します。☆たとえばこんな感じです。ほかの人はリーダーの指示《しじ》通り動きましょう。

楽しくなるコツ

いろいろな動きを考えてみよう！

後ろの人にも見えるように、頭より上の位置で手を動かすものがおすすめです。

例《れい》 「手は頭」…手を頭に置《お》く
「ばんざい」…両手を上げる

スライド コツ

リーダーは、ときどき「レッツ」をつけずに指示《しじ》をします。☆たとえばこんな感じです。リーダーが指示《しじ》のことばの前に「レッツ」をつけていなかったときは、ほかの人は動いてはいけません。

指示《しじ》を10回出したら、リーダー役を交代します。次のリーダーは指示《しじ》のことばと動きを決めたら、3から
また始めましょう。

3つの基本《きほん》ルール
スライド ルール

\ 心も体も！/
1 「暴力《ぼうりょく》」はNO！
リーダーや失敗《しっぱい》した人に対して、文句《もんく》を言ったり、からかったりしてはいけません。

\ 無理《むり》なく楽しもう /
2 パスしてもOK！
指示《しじ》を出したり、みんなで動いたりするのが苦手な場合は、見ているだけでも OK です。

\ ほかで話さない！/
3 持ち出し禁止《きんし》！
友達《ともだち》の動きややりとりなど、レク中にあったことは、レクが終わったら話しません。

→3つの基本《きほん》ルールについては、P. 3を見ましょう。

② ★ねらい★ 失敗《しっぱい》をおそれず楽しもう

Let's ぱぴぷぺぽん

説明《せつめい》スライドはこちらから

どんなレク？

いろいろな歌の歌詞《かし》を「ぱぴぷぺぽん」に置《お》きかえて歌いましょう。つい笑《わら》ってしまうぱぴぷぺぽんの歌をみんなで歌えば、自然《しぜん》ときもちもほぐれてきます。

スライド①

思わずぷっと笑《わら》っちゃう！ ぱぴぷぺぽんソング！

1班《はん》6～10人

15分くらい

準備《じゅんび》あり

バスや教室

使うもの

★ P.46のぱぴぷぺぽん五十音シート…人数分

12 「Let's ぱぴぷぺぽん」 34 「クイズ ぱぴぷぺぽん」

ぱぴぷぺぽん五十音シート

ん	わ	ら	や	ま	は	な	た	さ	か	あ
ん	ぱ	ぱ	ぱ	ぱ	ぱ	ぱ	ぱ	ぱ	ぱ	ぱ
		り		み	ひ	に	ち	し	き	い
		ぴ		ぴ	ぴ	ぴ	ぴ	ぴ	ぴ	ぴ
		る	ゆ	む	ふ	ぬ	つ	す	く	う
		ぷ	ぷ	ぷ	ぷ	ぷ	ぷ	ぷ	ぷ	ぷ
		れ		め	へ	ね	て	せ	け	え
		ぺ		ぺ	ぺ	ぺ	ぺ	ぺ	ぺ	ぺ
	を	ろ	よ	も	ほ	の	と	そ	こ	お
	ぽ	ぽ	ぽ	ぽ	ぽ	ぽ	ぽ	ぽ	ぽ	ぽ

＊小さい文字「っ」「ゃ」「ゅ」「ょ」は置きかえません。

準備《じゅんび》

★ P.46のぱぴぷぺぽん五十音シートは行事のしおりに入れるか、人数分コピーして配る。

★ バス全体を、席《せき》が近い人同士《どうし》で４つの班《はん》に分ける。

スライド②

あそびかた

まずは全員で『チューリップ』を歌いましょう。レク係の合図に合わせて、歌います。

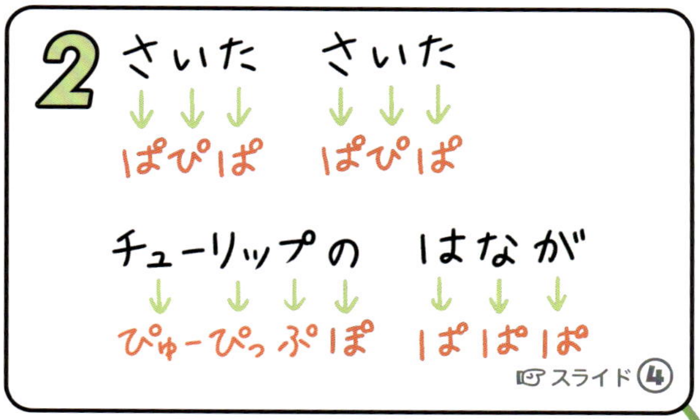

次に、『チューリップ』の歌詞《かし》を「ぱぴぷぺぽん」に置《お》きかえて歌います。

楽しくなるコツ

レク係のお手本をまねしながら歌いましょう

まずは１フレーズごとに、レク係のお手本に合わせて歌います。ちがう歌を歌うときはぱぴぷぺぽん五十音シートを見て自分たちで考えながら歌いましょう。

スライド コツ

次に、班《はん》ごとに分かれて「ぱぴぷぺぽん」で歌います。レク係に指名された班《はん》から歌い始めましょう。

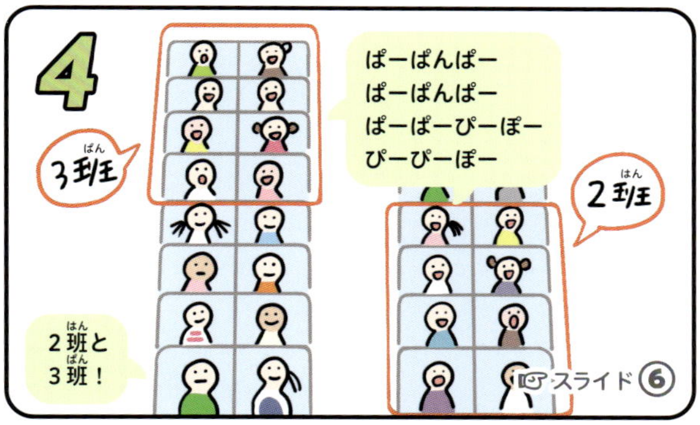

歌の途中《とちゅう》で、レク係が別《べつ》の班《はん》を指名したら、その班《はん》の人たちが、続《つづ》きを「ぱぴぷぺぽん」で歌いましょう。いくつかの班《はん》を同時に指名することもあります。

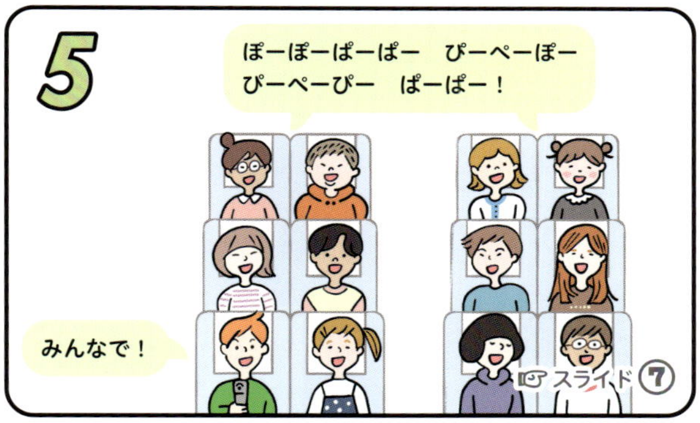

レク係が「みんなで！」と言ったら、全員で歌います。これをくり返して、最後《さいご》まで歌いましょう。次は、班《はん》ごとにそれぞれ別の歌を順番《じゅんばん》に「ぱぴぷぺぽん」で歌ってみましょう。

3つの基本《きほん》ルール
スライド ルール

1 ＼心も体も！／
「暴力《ぼうりょく》」はNO！
まちがえた人を責《せ》めたりからかったりしてはいけません。

2 ＼無理《むり》なく楽しもう／
パスしてもOK！
歌うのが苦手な場合は、みんなの歌を聞くだけでもOKです。

3 ＼ほかで話さない！／
持ち出し禁止《きんし》！
歌い方や失敗《しっぱい》など、レク中にあったことは、レクが終わったら話しません。

→３つの基本《きほん》ルールについては、P.３を見ましょう。

③ ★ねらい★
失《しっ》敗《ぱい》をおそれず楽しもう

後出し じゃんけん

説明《せつめい》スライドは
こちらから
⬇

どんなレク？

ふつうのじゃんけんとはちがって、後出し OK！ リーダーが出す手を見て、自分の手を決めて出します。かんたんなようで、意外と難《むずか》しいレクです。ぜひくり返しチャレンジしてみてくださいね。

☞スライド①

1班《はん》4人以上《いじょう》

10分くらい

準備《じゅんび》なし

バスや教室

後出しなのに難《むずか》しい!?
相手に負ける手、出せるかな？

あそびかた

1

スライド②

4人以上《いじょう》の班《はん》をつくります。その中でひとりリーダーを決めます。

2

スライド③

班《はん》全員で声を合わせて、「じゃんけんぽん！」と言い、リーダーだけがグー、チョキ、パーいずれかの手を出します。

3

スライド④

続《つづ》けてみんなで「ぽん！」と言いながら、リーダーに負ける手を出します。

4

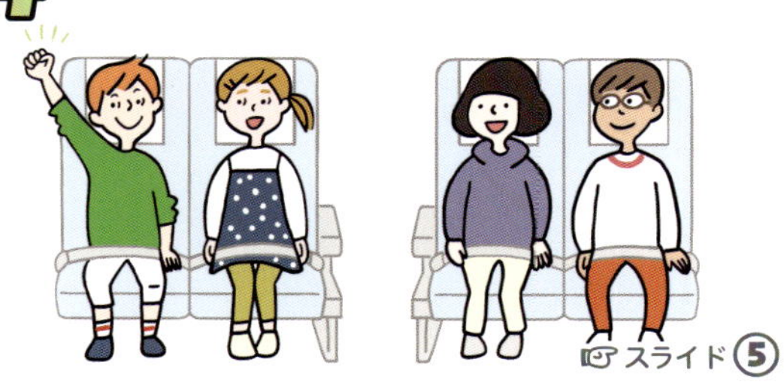

スライド⑤

やり方がわかったら、5回連続《れんぞく》でやってみましょう。5回勝負したら、リーダーを交代してください。

5

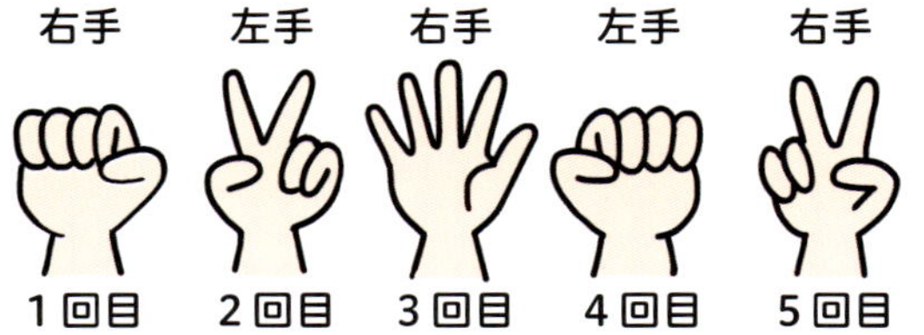

スライド⑥

慣《な》れたら、右手と左手を交互《こうご》に使って5回連続《れんぞく》で勝負します。たとえば、1回目を右手で出したら、2回目は左手、3回目は右手、4回目は左手、5回目は右手を使って勝負をしてください。

楽しくなるコツ

勝つ手やあいこの手でもやってみよう！

リーダーに負ける手のほか、リーダーに勝つ手やあいこになる手を後出しするじゃんけんにもチャレンジしてみましょう。

スライド コツ

3つの基本《きほん》ルール

スライド ルール

＼心も体も！／
1 「暴力《ぼうりょく》」はNO！
出す手をまちがえた人をばかにしたり、失敗《しっぱい》したときに八つ当たりしたりしてはいけません。

＼無理《むり》なく楽しもう／
2 パスしてもOK！
後出しじゃんけんが苦手な場合は、パスするか、リーダー役をやりましょう。

＼ほかで話さない！／
3 持ち出し禁止《きんし》！
レク中のやりとりや、勝ち負けなどは、レクが終わったら話しません。

→3つの基本《きほん》ルールについては、P.3を見ましょう。

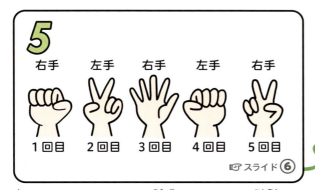

いろいろなルールでじゃんけんしよう！

☆ あいこ出しじゃんけん ☆

相手とあいこになることを目指して、じゃんけんをしましょう。

1 となりの人とペアになります。

2 「きもちを合わせて、あいこ出そう！」と、かけ声をかけ、じゃんけんをしましょう。「う！」のときに手を出します。

3 あいこになるまで「あいこ出そう！」のかけ声で、じゃんけんを続《つづ》けます。

4 あいこになったら「あいこ出た！」と言って、ハイタッチします。

☆ 後出し指じゃん5（ファイブ）☆

出した指の数の合計が、5（ファイブ）になるようにじゃんけんをします。

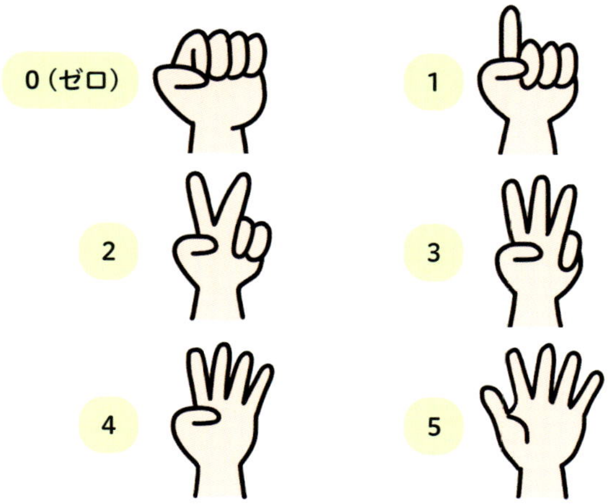

1 となりの人とペアになり、先攻《せんこう》、後攻《こうこう》を決めます。

2 「指じゃん5（ファイブ）、じゃんけんぽんぽん！」のかけ声で、1回目の「ぽん」で先攻《せんこう》の人が、2回目の「ぽん」で後攻《こうこう》の人が手を出します。出せる手はこの6つです。

3 2人の出した手を合計して「5」になることを目指して、2のかけ声でじゃんけんを続《つづ》けます。「5」にならなくても続《つづ》けましょう。

4 5回続《つづ》けたら、「ナイスファイブ！」と言って、ハイタッチして、先攻《せんこう》と後攻《こうこう》を交代します。

これもやってみよう！

- ★ 2人で同時に手を出してみよう
- ★ 4人で後出し「指じゃん7（セブン）」「指じゃん11（イレブン）」をやってみよう

④ ★ねらい★

失敗《しっぱい》をおそれず楽しもう

アップダウンキャッチ

説明《せつめい》スライドはこちらから

↓

どんなレク？

レク係の合図に合わせて、相手の指をぎゅっとつかまえる手あそびです。タイミングよく左右の手を動かすのは意外と難《むずか》しく、思わず熱中《ねっちゅう》してしまいますよ。

☞スライド①

- 2人以上《いじょう》
- 10分くらい
- 準備《じゅんび》なし
- バスや教室

すばやく、タイミングよく！
相手の指をつかまえよう！

あそびかた

まずはとなりの席《せき》の人とペアを組みましょう。向かい合ったら、それぞれ左手は丸めて輪《わ》っかのような形をつくり、右手は人さし指をのばします。

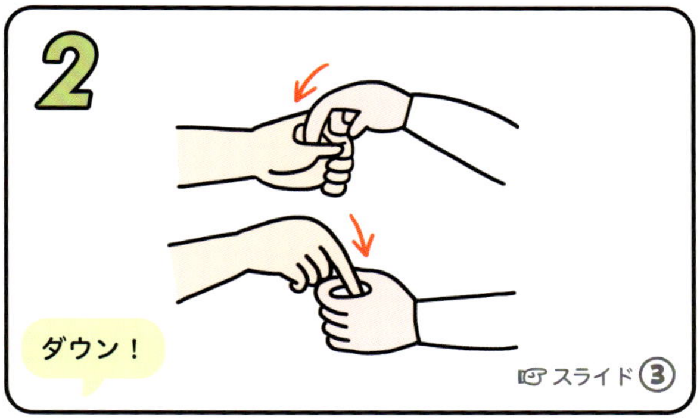

レク係の３つの合図に合わせて、左右の手を動かしてあそびます。１つ目の合図は「ダウン」です。「ダウン」と言ったら、右手の人さし指を、相手の左手の輪《わ》の中に入れます。

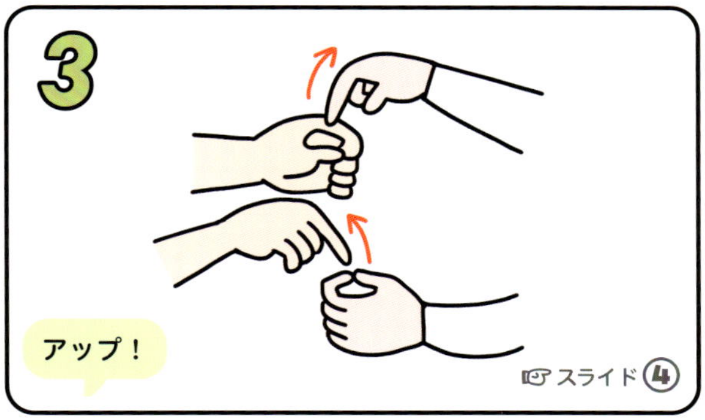

２つ目の合図は「アップ」です。「アップ」と言ったら、右手の人さし指を、相手の左手の輪《わ》の中から出します。

３つ目は「キャッチ」です。「キャッチ」と言われたら、相手の人さし指を左手ですばやくにぎりましょう。人さし指はつかまれないように、すばやく上げます。

レク係は「ダウン、アップ、ダウン、アップ…」の合図をくり返します。「キャッチ！」のタイミングで、うまく相手の指をつかめたら成功《せいこう》です。

楽しくなる コツ

ひっかけワードに注意しよう！

レク係は、「キャッチ」に似《に》たことばをひっかけワードとして、まぎれこませます。まどわされないよう、注意しましょう。

例《れい》 キャッツ、キャベツ、キャンプ、キャラなど

スライド コツ

3つの基本《きほん》ルール
スライド ルール

1 ＼心も体も！／
「暴力《ぼうりょく》」はNO！
痛《いた》いほど、相手の指を強くつかんではいけません。

2 ＼無理《むり》なく楽しもう／
パスしてもOK！
つかまれるのが痛《いた》くて心配な人は、右手の人さし指の代わりにペンや、ひもを使ってもOKです。

3 ＼ほかで話さない！／
持ち出し禁止《きんし》！
友達《ともだち》の様子や失敗《しっぱい》など、レク中にあったことは、レクが終わったら話しません。

→３つの基本《きほん》ルールについては、P.３を見ましょう。

5 ★ねらい★
バスでもっと仲《なか》よく

お絵かきリモコン

説明《せつめい》スライドはこちらから

どんなレク？

レク係から発表されるヒントを聞いて、お手本シートにかかれている絵を想像《そうぞう》してかいてみましょう。それぞれのイメージのちがいを楽しんで！ スライド①

2人以上《いじょう》
20分くらい
準備《じゅんび》あり
バスや教室

言われた通りにかいてみて！
どんな絵ができるかな？
丸の中に、逆《ぎゃく》三角形があります。

使うもの

- ★P.46のお手本シート…1枚《まい》
- ★筆記用具…人数分
- ★画用紙…人数分
- ★下じき…人数分
- ★ストップウォッチ…1つ

準備《じゅんび》

- ★ P.46のお手本シートをコピーしておく。
- ★筆記用具、下じきを持ってくるよう、前日までに全員に伝《つた》えておく。
- ★画用紙をひとり1枚《まい》配る。

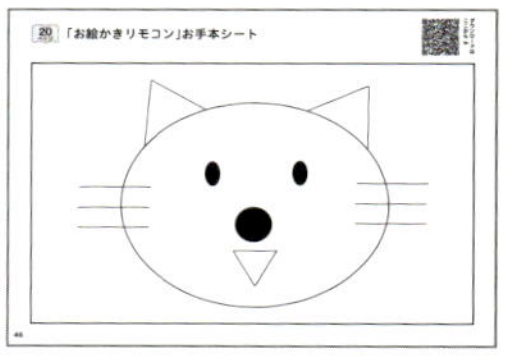
「お絵かきリモコン」お手本シート

スライド②

あそびかた

レク係がお手本シートの絵のヒントを１つずつ発表します。☆たとえばこんな感じです。一度しか言わないので、ほかの人はしっかり聞きましょう。

聞いたヒントをもとに、画用紙に絵をかきましょう。

ヒント１つにつき、10秒くらいで絵をかきます。

これをくり返して、絵を仕上げます。

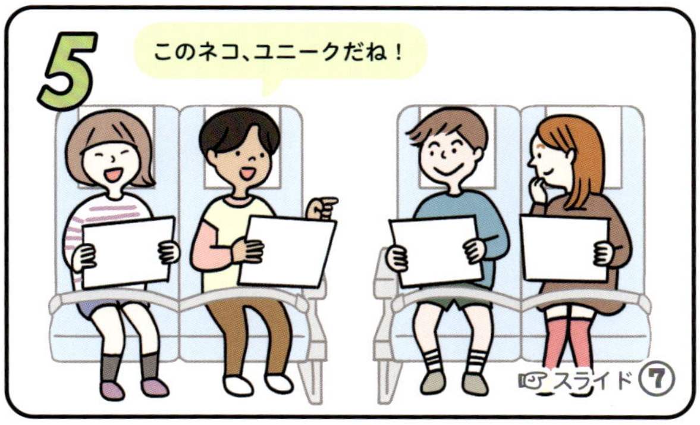

絵が完成《かんせい》したら、横の列の人たちと絵を見せ合います。おたがいの絵のよいところを見つけて、発表しましょう。

最後《さいご》にレク係がお手本シートの絵をみんなに見せます。自分の絵と同じところや、ちがったところを見つけてみましょう。シンプルな図形を使った、別のお手本シートを用意したり、説明《せつめい》の仕方を工夫《くふう》したりするとさらに楽しめます。

3つの基本《きほん》ルール
スライド ルール

1 ＼心も体も！／
「暴力《ぼうりょく》」はNO！
ほかの人の絵をからかったり、否《ひ》定《てい》したりしてはいけません。

2 ＼無理《むり》なく楽しもう／
パスしてもOK！
絵をかくのが苦手な場合は、パスして見学していても OK です。

3 ＼ほかで話さない！／
持ち出し禁止《きんし》！
かいた絵ややりとりなど、レク中にあったことは、レクが終わったら話しません。

→３つの基本《きほん》ルールについては、P.３を見ましょう。

6 ★ねらい★ バス《》でもっと仲《なか》よく

お絵かきしりとり

説明《せつめい》スライドは
こちらから

どんなレク？

ことばを使わず、絵をかいてしりとりをします。友達《ともだち》が何をかいたか想像《そうぞう》して、絵でことばをつなぎます。おどろくような結果《けっか》が生まれるかもしれませんよ。

スライド①

1班《はん》4〜8人

20分くらい

準備《じゅんび》あり

バスや教室

画伯《がはく》？ 芸術《げいじゅつ》？
絵心を思いきり発揮《はっき》しよう！

使うもの

★P.47のシート…人数分
★筆記用具…人数分
★下じき…人数分
★ストップウォッチ…1つ

準備《じゅんび》

★筆記用具、下じきを持ってくるよう、前日までに全員に伝《つた》えておく。
★P.47のシートを人数分コピーし、班《はん》の一番前にすわっている人からひとり1枚《まい》ずつ取って後ろに回してもらう。

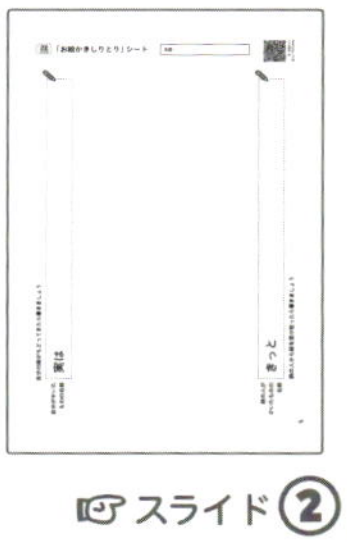

スライド②

あそびかた

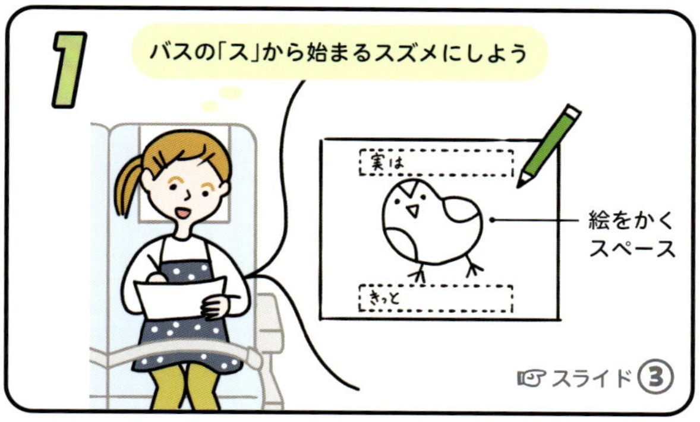

縦《たて》の列で４～８人くらいの班《はん》をつくります。班《はん》の一番前の人が初《はじ》めのことばを決めて、シートにその絵をかき、後ろの人に回します。

後ろの人は受け取ったシートを見て、かかれている絵が何かをひらがなやカタカナで「きっと」のスペースに書きましょう。

「きっと」のスペースに書いたことばの最後《さいご》の文字から始まるものの絵を、自分のシートにかき、自分の絵だけ後ろの人に回します。

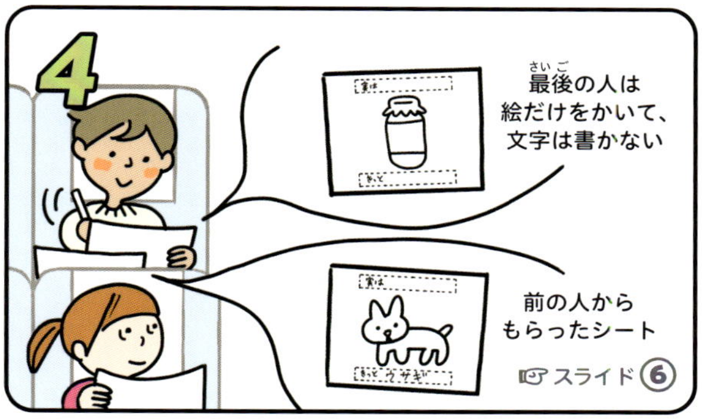

これを最後《さいご》の人まで続《つづ》けます。最後《さいご》の人は自分のシートには絵だけをかき、もらった紙と重ねて前の人にわたします。

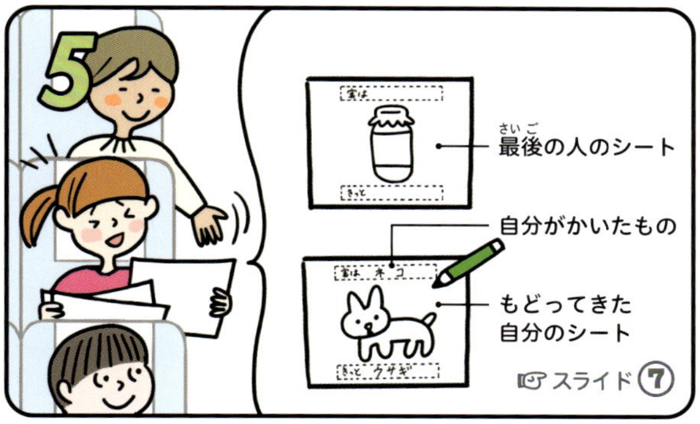

受け取った人は、自分のシートの「実は」のスペースに、自分がかいたものの名前を書きます。もらったシートと自分のシートを重ねて前の人にわたします。これを最初《さいしょ》の人まで続《つづ》けます。

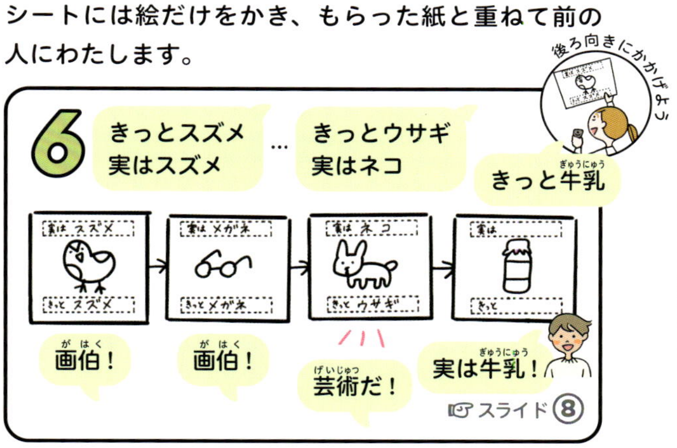

最初《さいしょ》の人は班《はん》全員分の絵が回ってきたら、「きっとスズメ、実はスズメ」と１枚《まい》ずつ読み上げます。その都度《つど》合っていたら「画伯《がはく》！」、合っていなかったら「芸術《げいじゅつ》だ！」とみんなで言いましょう。最後《さいご》の１枚《まい》は最初《さいしょ》の人が考えて「きっと牛乳《ぎゅうにゅう》」などと言い、最後《さいご》の人が「実は…」とかいたものを発表《はっぴょう》します。

3つの基本《きほん》ルール
スライド ルール

＼心も体も！／
1 「暴力《ぼうりょく》」はNO！
ほかの人の絵をけなしたり、しりとりが失敗《しっぱい》したときに責《せ》めたりしてはいけません。

＼無理《むり》なく楽しもう／
2 パスしてもOK！
絵が苦手な場合は、文字だけ書いて回しても OK です。

＼ほかで話さない！／
3 持ち出し禁止《きんし》！
かいた絵ややりとりなど、レク中にあったことは、レクが終わったら話しません。

→３つの基本《きほん》ルールについては、P. 3 を見ましょう。

⑦ ★ねらい★
バスでもっと仲《なか》よく

リズム九九遊び

説明《せつめい》スライドはこちらから

どんなレク？

手やひざをリズムよくたたきながら、それに合わせて楽しく九九をとなえるゲームです。全員で成功《せいこう》したら少しずつ難易度《なんいど》を上げて、チャレンジしましょう。

☞スライド①

最後《さいご》まで言えたら超《ちょう》スッキリ！
ノリノリでやってみよう！

4人以上《いじょう》

10分くらい

準備《じゅんび》なし

バスや教室

あそびかた

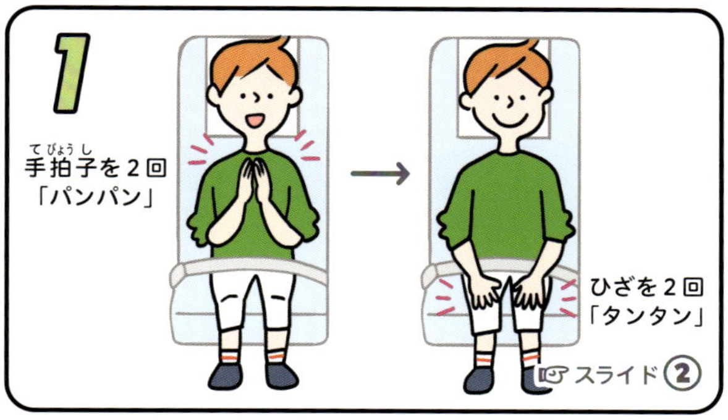

まずは、横一列で班《はん》をつくります。手とひざをたたきながら、九九を言えるくらいゆっくりとリズムをつくります。これをくり返しましょう。

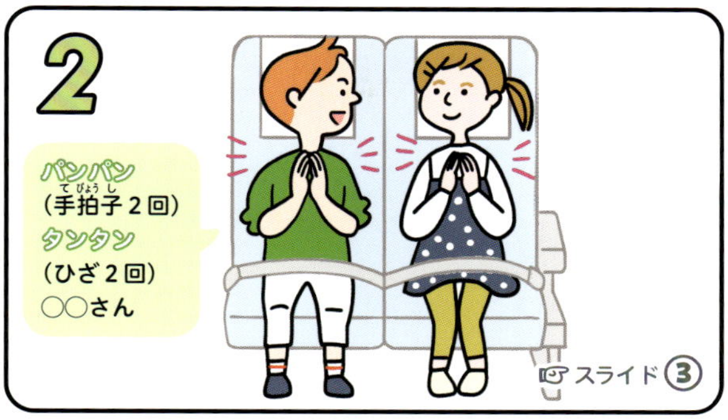

リズムができたら、最初《さいしょ》の人がリズムに合わせて、手拍子《てびょうし》2回のあと、ひざを2回たたきながら、となりの人の名前を言います。

指名された人は、手拍子《てびょうし》2回、ひざを2回たたきながらリズムに合わせて九九の2の段《だん》を言いましょう。2の段《だん》なら、九九の順《じゅん》でなくてもOKです。

九九を言えたら、また手拍子《てびょうし》2回のあと、ひざを2回たたきながら、次の人の名前を言います。次の人も同じように九九の2の段《だん》を言いましょう。前の人と同じ九九を言ってもOKです。止まってしまった場合は、その人からまたやり直しましょう。

これをくり返して、その段《だん》の九九が全部言えたら成《せい》功《こう》です。全員で拍手《はくしゅ》をしましょう。

楽しくなる コツ

九九表を しおりに入れてもOK

P.48の九九表をしおりに入れたり、コピーして配っておいたりするといいでしょう。うまくいかない場合は、テンポをゆっくりにするのもおすすめです。

スライド コツ

3つの基本《きほん》ルール
スライド ルール

1 ＼心も体も！／「暴力《ぼうりょく》」はNO！
リズムがくずれたり、九九をまちがえたりした人がいても責《せ》めてはいけません。

2 ＼無理《むり》なく楽しもう／パスしてもOK！
九九が苦手な場合は、別の段《だん》でもいいので、知っている九九を言いましょう。また、パスしてもOKです。

3 ＼ほかで話さない！／持ち出し禁止《きんし》！
友達《ともだち》の様子や失敗《しっぱい》など、レク中にあったことは、レクが終わったら話しません。

→3つの基本《きほん》ルールについては、P.3を見ましょう。

⑧ ★ねらい★
バス で もっと仲《なか》よく

軍《ぐん》手《て》回し リレー

説明《せつめい》スライドはこちらから

どんなレク？

となりの人と手拍子《てびょうし》したり、パンパンと手を合わせたりしながら、軍手《ぐんて》をリレーしていきます。相手と呼吸《こきゅう》を合わせるのがポイントです。

☞スライド①

1班《はん》6人以上《いじょう》

10分くらい

準備《じゅんび》あり

バスや教室

あせりは禁物《きんもつ》！
心を合わせて軍手《ぐんて》を回そう！

使うもの

★軍手《ぐんて》（カラー軍手《ぐんて》がおすすめ）
…2つ

準備《じゅんび》

★一番前の席《せき》の通路側《がわ》の人に軍手《ぐんて》をわたす。

☞スライド②

あそびかた

バスの左右列で２班《はん》に分かれ、となりどうしでペアになります。一番前のペアの通路側《がわ》の人が、それぞれ軍手《ぐんて》を持ちます。

レク係が「スタート！」と合図したら、通路側《がわ》の人は軍手《ぐんて》を手にはめます。

軍手《ぐんて》をはめたら、となりの人とA→B→C→Dの順《じゅん》で手拍子《てびょうし》やハイタッチをしましょう。

それができたら、通路側《がわ》の人が後ろの席《せき》の人に軍手《ぐんて》をわたします。軍手《ぐんて》をもらった人は手にはめて、同じように手拍子《てびょうし》やハイタッチをしましょう。

一番後ろのペアまで終わったら、今度は窓側《まどがわ》の人が軍手《ぐんて》をはめる番です。同じように手拍子《てびょうし》をして、前のペアに軍手《ぐんて》をわたします。

軍手《ぐんて》をわたすときは通路側《がわ》の人同士《どうし》でやりとりします。順《じゅん》にリレーして、先に一番前のペアまでもどした班《はん》の勝ちです。一番前のペアは軍手《ぐんて》がもどったら両手をあげてもどったことを合図しましょう。

3つの基本《きほん》ルール
スライド ルール

＼心も体も！／
1 「暴力《ぼうりょく》」はNO！
乱暴《らんぼう》なことばで急《せ》かしたり、失敗《しっぱい》した人のことを責《せ》めたりしてはいけません。

＼無理《むり》なく楽しもう／
2 パスしてもOK！
軍手《ぐんて》が苦手な人は、自分の手袋《てぶくろ》を持ってきて使ってもOKです。

＼ほかで話さない！／
3 持ち出し禁止《きんし》！
勝ち負けや失敗《しっぱい》などレクで起きたことは、レクが終わったら話しません。

→３つの基本《きほん》ルールについては、P.３を見ましょう。

⑨ ★ねらい★
バスでもっと仲《なか》よく

え〜！

説明《せつめい》スライドは
こちらから

どんなレク？

相手がどんな状況《じょうきょう》の「え〜！」を表現《ひょうげん》しているか当てるレクです。声の出し方や言い方から想像《そうぞう》して、どんなときの「え〜！」か考えてみましょう。

スライド①

1班《はん》8〜10人

15分くらい

準備《じゅんび》あり

バスや教室

おこった「え〜！」うれしい「え〜！」
これは何の「え〜！」？

使うもの

★ P.49のお題シート…人数分
★ 番号カード…１セット

準備《じゅんび》

★ P.49のお題シートはしおりに入れるか、クラスの人数分コピーして全員に配っておく。番号カードは１セットコピーし、点線に沿《そ》って切り分ける。

「え〜！」お題シート
① かいじゅうが大暴れしているのを見た！ 恐怖の「え〜！」
② トイレに行きたいのに全部うまっている！ あせりの「え〜！」
③ 行きたい店が休みだった！ ショックの「え〜！」
④「宿題は永遠にナシ！」だって！ うれしい「え〜！」
⑤ アイドルが転校してくる！ 信じられないの「え〜！」
⑥ 友達から「ワタシハ宇宙人デス」と言われた。あやしむ「え〜！」
番号カード
① ② ③
④ ⑤ ⑥

スライド②

あそびかた

1

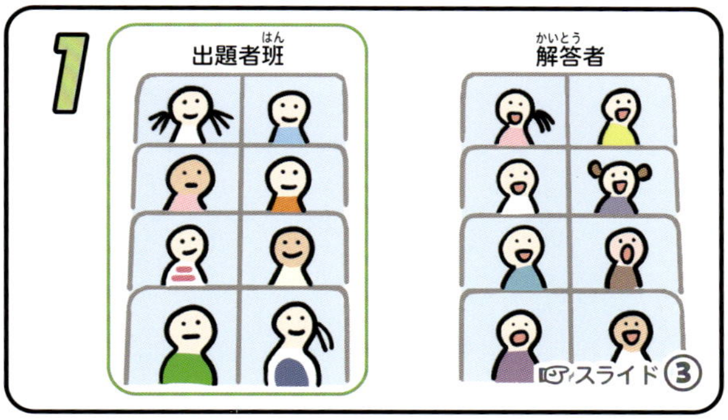

席《せき》の近い人たちで８～10人の班《はん》になります。１つの班《はん》を出題者班《はん》として、レク係は番号カードを1枚《まい》わたします。ほかの人は解答者《かいとう》です。

2

出題者班《はん》の一番前の列の通路側《がわ》の人は、番号カードを解答者《かいとう》に見えないように後ろの人に回します。

3

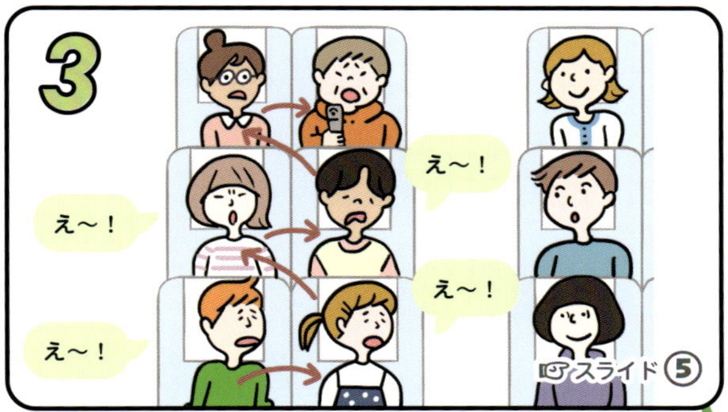

出題者班《はん》の人たちは番号カードとお題シートにあるお題を確認《かくにん》します。番号のお題に沿《そ》って、ひとりずつマイクで「え～！」と言いましょう。

4

出題者班《はん》全員が言い終わったら、解答者《かいとう》の人はお題シートを見ながら、どの「え～！」だったのかを考えます。レク係の声に合わせて、答えだと思う番号に手をあげましょう。

楽しくなる **コツ**

動きや表情《ひょうじょう》を加《くわ》えよう！

手ぶりや身ぶりを加《くわ》えると、伝《つた》わりやすくなります。その「え～！」にあった場面を想像《そうぞう》しながら、ぴったりの言い方を考えてみましょう。

スライド **コツ**

5

レク係が「正解《せいかい》は？」と言ったら、出題者班《はん》は全員で「●番、『〇〇の、え～！』です！」と答えを発表します。

3つの基本《きほん》ルール
スライド **ルール**

1 ＼心も体も！／
「暴力《ぼうりょく》」はNO！
表現《ひょうげん》の仕方は人それぞれ。友達《ともだち》の表現《ひょうげん》を否定《ひてい》したりからかったりしてはいけません。

2 ＼無理《むり》なく楽しもう／
パスしてもOK！
うまく「え～！」が言えない場合はパスしても OK です。

3 ＼ほかで話さない！／
持ち出し禁止《きんし》！
友達《ともだち》の様子やレク中に起きたことは、レクが終わったら話しません。

→３つの基本《きほん》ルールについては、P. 3 を見ましょう。

⑩ ★ねらい★
バスでもっと仲《なか》よく

手拍子《てびょうし》チームワーク

説明《せつめい》スライドは
こちらから

どんなレク？

かけ声に合わせて、手拍子《てびょうし》をつないでいきましょう。みんなでタイミングを合わせるのが楽しいレクです。ぴったり合えばみんなの心も一つにまとまりますよ。

☞スライド①

4人以上《いじょう》

5分くらい

準備《じゅんび》なし

バスや教室

手《て》拍《びょう》子《し》をぴったり合わせて心を一つに！

あそびかた

1

かけ声「心を合わせて、せーの！」
パン（手拍子《てびょうし》1回）
☆たとえば
かけ声「せーの！」
パンパン（手拍子《てびょうし》２回）
かけ声「せーの！」
パンパンパン（手拍子《てびょうし》３回）
→手拍子《てびょうし》が４回になるまでくり返す

スライド②

まずは手拍子《てびょうし》の練習です。レク係のかけ声に合わせて全員で手拍子《てびょうし》します。まずやってみるので聞いてください。☆たとえばこんな感じです。

2

スライド③

手拍子《てびょうし》の仕方をおぼえたら、レク係のかけ声に合わせて、全員でやってみましょう。目標の回数までできたらみんなで拍手《はくしゅ》をします。☆たとえばこんな感じです。

3

スライド④

次は、バスの左右で２班《はん》に分かれ、「三三七拍子《びょうし》」にチャレンジしましょう。まず、右の列の人が全員で「心を合わせて、三三七拍子《びょうし》！ せーの！」と言い、３回手拍子《てびょうし》をします。

4

スライド⑤

次に左の列の人たちが、三三七拍子《びょうし》のリズムに合わせて、３回手拍子《てびょうし》をします。

5

スライド⑥

次に右の列の人たちが、手拍子《てびょうし》を７回します。三三七拍子《びょうし》が成功《せいこう》したら、みんなで拍手《はくしゅ》をします。慣《な》れてきたら、「心を合わせて、三三七拍子《びょうし》を２回！ せーの！」などと、くり返してみましょう。

楽しくなるコツ

慣《な》れたら難易度《なんいど》を上げてチャレンジ！

例《れい》 ひとりずつ拍手《はくしゅ》をつなぐ
横の人と班《はん》をつくり、拍手《はくしゅ》を後ろの班《はん》につなげていく（その場合は、頭の上で拍手《はくしゅ》する）

スライド コツ

3つの基本《きほん》ルール
スライド ルール

1 ＼心も体も！／
「暴力《ぼうりょく》」はNO！
タイミングが合わなかったり、止まったりしても、その人を責《せ》めてはいけません。

2 ＼無理《むり》なく楽しもう／
パスしてもOK！
うまくいかない場合はテンポをゆっくりにします。それでも難《むずか》しければパスも OK です。

3 ＼ほかで話さない！／
持ち出し禁止《きんし》！
友達《ともだち》の様子や失敗《しっぱい》など、レク中に起きたことは、レクが終わったら話しません。

→３つの基本《きほん》ルールについては、P. 3 を見ましょう。

11 ★ねらい★
バスでもっと仲《なか》よく

それは何でしょう？

説明《せつめい》スライドは
こちらから
↓

どんなレク？

出題者ペアに質問《しつもん》をして、思いうかべたものが何かを当てます。協力《きょうりょく》しながら質《しつ》問《もん》を重ねて、答えを見つけ出しましょう。 スライド①

1班《はん》4人

20分くらい

準備《じゅんび》なし

バスや教室

いったい何を思いうかべた？ 質《しつ》問《もん》して推《すい》理《り》せよ！

あそびかた

横一列で班《はん》をつくります。班《はん》の中で問題の出題者のペアを決めます。そのほかの2人は解答者《かいとう》です。

出題者ペアは解答者《かいとう》ペアに聞こえないように相談して、あるもの（食べものや生きもの、文房具《ぶんぼうぐ》など）を思いうかべて決めます。

解答者《かいとう》たちは、出題者ペアに順《じゅん》に質問《しつもん》をして、思いうかべているものが何かを探《さぐ》ります。1回目は必《かなら》ずひとりずつ質問《しつもん》します。**☆たとえばこんな感じです。**

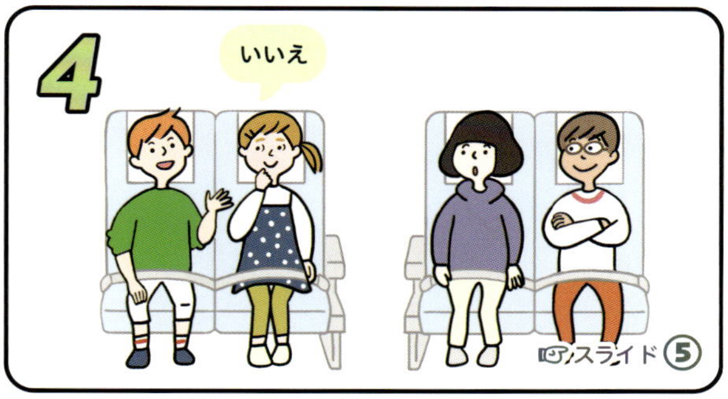

質問《しつもん》をされたら、出題者ペアは質問《しつもん》にその都度《つど》答えましょう。解答者《かいとう》たちが2人とも質問《しつもん》し終わったら、相談して、答えを一つにしぼります。

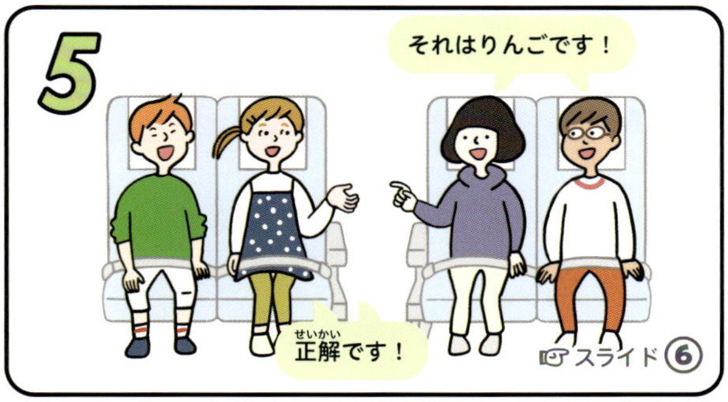

解答者《かいとう》たちは「せーの！」で答えを言います。出題者ペアは答えが合っていたら「正解《せいかい》です！」と答えます。はずれたら2回目の質問《しつもん》に入ります。2回目は、ひとり質問《しつもん》するたびに解答者《かいとう》たちで相談し、答えを言います。答えを3回まちがえたら、出題者ペアは正解《せいかい》を言って交代します。

楽しくなるコツ

こんなふうに質問《しつもん》してみよう！

例《れい》「食べられますか？」
「どんなときに使いますか？」
「どんな形ですか？」
「何色ですか？」

スライド コツ

3つの基本《きほん》ルール
スライド ルール

＼心も体も！／
1 「暴力《ぼうりょく》」はNO！
答えがわからなくても、文句《もんく》を言ってはいけません。

＼無理《むり》なく楽しもう／
2 パスしてもOK！
質問《しつもん》を思いつかない場合はパスしましょう。

＼ほかで話さない！／
3 持ち出し禁止《きんし》！
友達《ともだち》の様子や失敗《しっぱい》など、レク中に起きたことは、レクが終わったら話しません。

→3つの基本《きほん》ルールについては、P. 3を見ましょう。

12 ★ねらい★
行事をより楽しもう!

クイズ ぱぴぷぺぽん

説明《せつめい》スライドは
こちらから
⬇

どんなレク?

テーマに沿《そ》って「ぱぴぷぺぽん」で言いかえたことばを当てるクイズです。「ぱぴぷぺぽん」のひびきを楽しみながら、ペアの人と協力《きょうりょく》してチャレンジしましょう。

スライド①

4人以上《いじょう》

15分くらい

準備《じゅんび》あり

バスや教室

何だかちょっぴり気がぬけちゃう?「ぱぴぷぺぽん」ことば!

使うもの

★ P.46のぱぴぷぺぽん五十音シート…人数分

★ ホワイトボード…1枚《まい》
またはA4サイズくらいの紙…10枚《まい》くらい

★ ホワイトボードペンかフェルトペン…1本

12「Let's ぱぴぷぺぽん」 34「クイズ ぱぴぷぺぽん」

ぱぴぷぺぽん五十音シート

ん	わ	ら	や	ま	は	な	た	さ	か	あ
ん	ぱ	ぱ	ぱ	ぱ	ぱ	ぱ	ぱ	ぱ	ぱ	ぱ
		り		み	ひ	に	ち	し	き	い
		ぴ		ぴ	ぴ	ぴ	ぴ	ぴ	ぴ	ぴ
		る	ゆ	む	ふ	ぬ	つ	す	く	う
		ぷ	ぷ	ぷ	ぷ	ぷ	ぷ	ぷ	ぷ	ぷ
		れ		め	へ	ね	て	せ	け	え
		ぺ		ぺ	ぺ	ぺ	ぺ	ぺ	ぺ	ぺ
	を	ろ	よ	も	ほ	の	と	そ	こ	お
	ぽ	ぽ	ぽ	ぽ	ぽ	ぽ	ぽ	ぽ	ぽ	ぽ

※小さい文字「っ」「ゃ」「ゅ」「ょ」は書きかえません。

準備《じゅんび》

★ 座席《ざせき》がとなりの人同士《どうし》でペアをつくる。

★ P.46のぱぴぷぺぽん五十音シートはしおりに入れるか、ペアの数だけプリントして、1ペアに1枚《まい》配る。

★ ホワイトボードや A4サイズくらいの紙、ペンはレク係が持つ。

スライド②

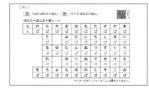

あそびかた

まずレク係がテーマを発表します。次に、問題を出したいペアは手をあげてください。レク係が指名して、ホワイトボード（または紙）とペンを回します。

指名されたペアは、ぱぴぷぺぽん五十音シートを見ながら、テーマに合わせたことばを「ぱぴぷぺぽん」に置《お》きかえ、ホワイトボードか紙に書き、声に出して発表します。

ほかの人たちはペアで答えを相談して、わかったら２人で「ぱぴ！（はい！）」と言って、手をあげましょう。

レク係に指名されたら、ペアで答えを言います。はずれていたら、出題したペアは「ぷー（ブー）！」と言います。レク係は手をあげているほかのペアを指名します。

答えが当たっていたら出題したペアは「ぽぴぽぽ（お見事）！」と言います。正解《せいかい》したら、問題を出すペアを交代して、次の問題にチャレンジしましょう。

楽しくなるコツ

音だけが合っているときは「ぴぴぺ！」

たとえば、問題が「ぱぱ」で正解《せいかい》は「山」だったとき、「たか」と答えた場合、正解《せいかい》ではないけれど、音は合っているので不正解《ふせいかい》でもありません。そんなときは、問題を出したペアは「ぴぴぺ（いいね）！」「ぱぷぽぽ（なるほど）！」などとリアクションしましょう。

スライド コツ

3つの基本《きほん》ルール
スライド ルール

1 ＼心も体も！／
「暴力《ぼうりょく》」はNO！
失敗《しっぱい》した友達《ともだち》をからかったり、答えを先に言われても、文句《もんく》を言ったりしてはいけません。

2 ＼無理《むり》なく楽しもう／
パスしてもOK！
わからない場合は、その問題は見送って別の問題を答えましょう。

3 ＼ほかで話さない！／
持ち出し禁止《きんし》！
友達《ともだち》の様子や失敗《しっぱい》など、レク中に起きたことは、レクが終わったら話しません。

→３つの基本《きほん》ルールについては、P.３を見ましょう。

13

★ねらい★
行事をより楽しもう!

説明《せつめい》スライドはこちらから
⬇

○○と言えば?

どんなレク?

お題から連想《れんそう》するものを考えて答えます。ほかの人と答えが合ったときのきもちよさや、自分だけの答えを出せたときのおもしろさを味わいましょう。

☞スライド①

4人以上《いじょう》

15分くらい

準備《じゅんび》あり

バスや教室

ハッピー? キラキラ? ニコニコ?
あなたの答えは?

使うもの

★筆記用具…人数分
★ストップウォッチ…1つ

準備《じゅんび》

★しおりに文字が書きこめるページを用意しておく(2ページ分)。
★筆記用具を持ってくるよう、前日までに全員に伝《つた》えておく。
★レク係は、行き先にあったお題を考えておく。
たとえば行き先が京都の場合:「京都のお土産《みやげ》と言えば?」「京都の食べものと言えば?」など

☞スライド②

あそびかた

横一列で班《はん》をつくります。まずは、レク係がお題を発表します。☆たとえばこんな感じです。

思いついたことを、それぞれだまって30秒で紙に書きましょう。

班《はん》全員で「せーの！」で紙を見せながら、声に出して発表しましょう。

班《はん》全員の答えが合ったら「ハッピーチーム」、全員がちがったら「キラキラチーム」、2～3人の答えが合ったら「ニコニコチーム」になります。

レク係は「ハッピーチームの人は、せーの！」と声をかけます。ハッピーチームの人は両手をあげて「ハッピー！」と声を出します。ほかのチームの人は拍手《はくしゅ》します。

同じようにレク係が「キラキラチームの人は、せーの！」と声をかけたら、キラキラチームの人は両手をあげて「キラキラ！」と言って、手をふります。レク係が「ニコニコチームの人は、せーの！」と声をかけたら、ニコニコチームの人は両手をあげて「ニコニコ」と言ってピースサインをします。ほかのチームの人はその都度《つど》拍手《はくしゅ》します。

3つの基本《きほん》ルール
スライド ルール

1 ＼心も体も！／
「暴力《ぼうりょく》」はNO！
ほかの人と答えが合わなかった人を責《せ》めたりからかったりしてはいけません。

2 ＼無理《むり》なく楽しもう／
パスしてもOK！
思いつかなかったら、みんなの答えを聞いているだけでもかまいません。

3 ＼ほかで話さない！／
持ち出し禁止《きんし》！
友達《ともだち》の様子など、レク中に起きたことは、レクが終わったら話しません。

→3つの基本《きほん》ルールについては、P. 3を見ましょう。

14 ★ねらい★
行事をより楽しもう!

あるの? ないの? ジャッジをどうぞ

説明《せつめい》スライドは
こちらから
⬇

どんなレク?

バスの行き先をテーマにして、その場所にあるものをリズムにのせて発表します。目的地《もくてきち》をイメージしたら、わくわくするきもちがもっとふくらみますね。

☞スライド①

4人以《い》上《じょう》
15分くらい
準《じゅん》備《び》なし
バスや教室

あれはある? これはない? 目《もく》的《てき》地《ち》をイメージしよう!

あそびかた

まずは、バスの行き先にあるものを、ひとりひとり考えてみてください。

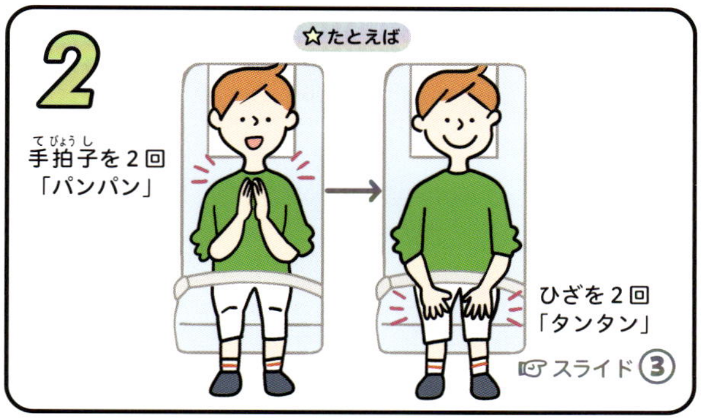

みんなで手拍子《てびょうし》を２回「パンパン」、ひざを２回たたく「タンタン」というリズムをくり返します。☆たとえばこんな感じです。

リズムがつくれたら、本番です。「せーの！」でみんなが手拍子《てびょうし》を2回したあと、ひとり目のレク係が、ほかの人がひざをたたく「タンタン」に合わせて行き先にあるものを言います。☆たとえばこんな感じです。

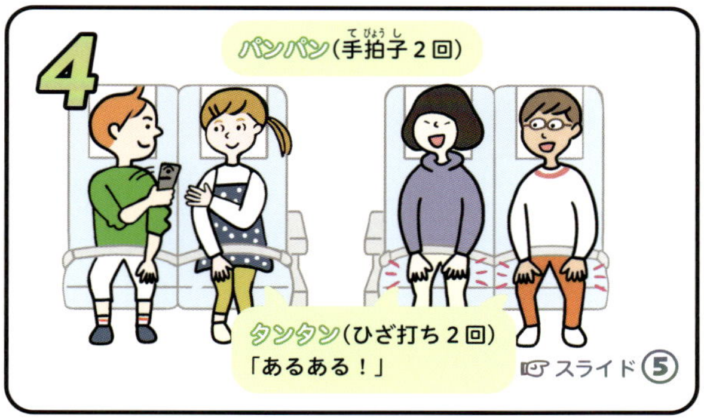

ひとり目が答えたものが行き先に関係《かんけい》あると思ったら、ほかの人は手拍子《てびょうし》を２回したあと、ひざを２回たたく「タンタン」に合わせて「あるある」、関係《かんけい》ないと思ったら「ないない」と言います。ひとり目の人はその間に、次の人にマイクを回します。

次の人も3と同じようにします。これを続《つづ》けます。

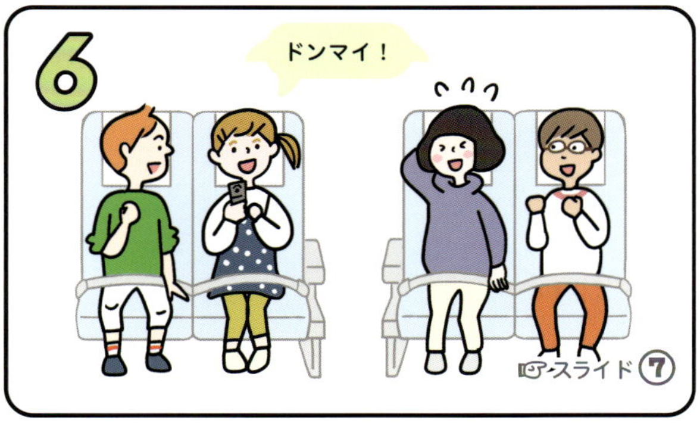

リズムにのれなかったり、答えにつまったりしたときは、全員で「ドンマイ！」と言って、その人からやり直しましょう。もし、「ある」か「ない」か判断《はんだん》が分かれたら、話し合って決めましょう。

3つの基本《きほん》ルール
スライド ルール

1 ＼心も体も！／
「暴力《ぼうりょく》」はNO！
友達《ともだち》の答えをからかったり失敗《しっぱい》を責《せ》めたりしてはいけません。

2 ＼無理《むり》なく楽しもう／
パスしてもOK！
答えを思いつかない場合はリズムにのって「（パンパン） パース！」などと言ってパスしましょう。

3 ＼ほかで話さない！／
持ち出し禁止《きんし》！
友達《ともだち》の様子やレク中に起きたことは、レクが終わったら話しません。

→３つの基本《きほん》ルールについては、P.３を見ましょう。

よくある バスレク おなやみのQ&A

レクの選《えら》び方や、レク係がすわる位置《いち》など
バスレクのときにありがちな、
困《こま》りごとや心配ごとを解決《かいけつ》するコツをしょうかいします！

レク係が安心してレクを仕切るためには？

必《かなら》ず3つの基本《きほん》ルールを初めに説明《せつめい》！

「３つの基本《きほん》ルール」は、レクを安心安全に実行するための大事な約束《やくそく》ごと。初めに必《かなら》ずレク係から参加《さんか》者に説明《せつめい》し、参加《さんか》者全員に理解《りかい》してもらってからレクをスタートしましょう。もし、ルールを守れない人がいたら、すぐに先生へ助けを求《もと》めてください。

バスの中なのにレクできるの？

すわったままでも楽しめるレクはたくさん！

バスの中ではシートベルトを着け、立ったり歩いたりしないのがルール。そんななかでも、楽しめるレクはたくさんあります。みんなで手拍子《てびょうし》するリズムあそびや、声を合わせて歌うレク、それぞれがかいた絵でしりとりなど、バスならではのレクを楽しんでください。

参加《さんか》できない人がいたら？

前の日までにどんなレクをやるか伝《つた》えておこう！

「３つの基本《きほん》ルール」にもあるように、パスしたい人を無理《むり》に参加《さんか》させてはいけません。前の日までにバスの中でやりたいレクをみんなに伝《つた》えておき、パスする人が出た場合に備《そな》えて、だれかが２回やるルールにする、別のレクをやるなどを考えておきましょう。

レク係はバスのどこにすわる？

基本《きほん》は一番前。レクによっては真ん中や後ろに。

レク係は、マイクで話したり、配布物《はいふぶつ》を回したりする役割《やくわり》があるので、一番前にすわるのが基本《きほん》です。ただ、班《はん》ごとに行うレクや、人数を数える必要《ひつよう》があるレクは、レク係が一番前だけでなく、真ん中や後ろにもばらけてすわりましょう。

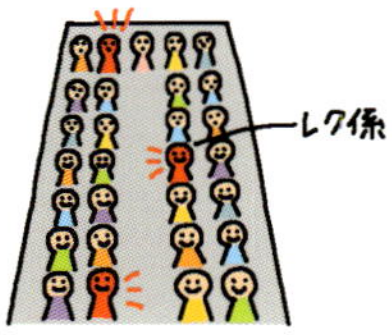

タブレットを持っていけない場合は？

先生のタブレットを借《か》りよう。

先生のタブレットを借《か》りられないか相談してみましょう。事前に行う予定のレクのスライドをダウンロードしておいてもらい、みんなへの説明《せつめい》のときに使えるようにおねがいしておきます。

指導者のみなさんへ

レクリエーションを行うときに

本書は、「子どもの社会的スキル横浜プログラム（Y-P）」（以下横浜プログラム）をもとにして作成された、子どものためのレクリエーションプログラム集です。横浜プログラムは、横浜市教育委員会がいじめや不登校対策として作成したガイダンスプログラム（集団で行う生徒指導プログラム）です。子どもに年齢相応のコミュニケーション能力や問題解決能力、自分と折り合いをつける力や、安全・安心で温かな学校・学級風土づくりを集団活動（グループワーク）を通して体験的に身につけさせることを目指しています。

右の表の「ねらい」にあるように、それぞれのプログラムには明確な指導上のねらいがあります。指導者（教師）はそれを意識して集団の育成を図りますが、本来、集団の風土の醸成は指導者（教師）と構成員である子どもの協働作業です。

そのため、本書では、子どもがそのねらいを意識して活動したり、レク係として主導したりすることによって、子ども自身に温かな集団の風土づくりの担い手となる力を育てることを目的のひとつとしました。

具体的には、横浜プログラムの基本概念である３つの基本ルール「暴力 NO」「パス OK」「持ち出し禁止」を、参加するすべての子どもたちの約束として、子どもたちに意識させ、守らせることを大前提としています。

参加するすべての子どもたちが、レクリエーション活動で安心して心を開き、仲間ときずなを深めることができるように、以下の**「安心・安全なレクリエーション実施のためのポイント」**をお読みください。また、右の表の「指導のポイント」をふまえ、子どもにすべてを任せるのではなく、指導者の適切な支援をお願いします。

安心・安全なレクリエーション実施のためのポイント

レクリエーションが、参加者の状況に適していること

子どもが選んだレクリエーションについては、すべての子どもが参加可能かどうかを吟味してください。参加が難しい子ども、傷つく子どもがいると予想される場合は、その内容ややり方を簡単にしたり量を調節したりして、できる限り全員が同じように参加できるように工夫することを助言してください。

3つの基本ルールを徹底すること

本書のレクリエーションでは、必ず、事前に「暴力NO」「パスOK」「持ち出し禁止」という「3つの基本ルール」を守ることを子どもたちと約束することとしています。守られない場合には、指導者はきちんと指摘し、守るよう伝える必要があります。レク係がコントロールできない事態になったら、指導者は毅然として活動を中止してください。

明確なインストラクション

本書には、レクリエーションのねらい、やり方（スライドと説明）、3つの基本ルールの具体（そのレクではどのようにするか）が書かれています。レク係には、スライド（絵）や実際にやって見せる（デモンストレーション）などの方法で参加者に活動内容を説明し、よく理解してもらってから始めるよう伝えてください。始める前に質問がないか、またはパスする人がいないかどうかも尋ねるようにします。

3つの基本ルールについて

1 心も体も！「暴力」は NO!

身体的な暴力はもちろんのこと、心理的な暴力として、「相手が嫌がることを言う」「否定的なことを言う」、相手が気になるような態度で「目くばせをする」などがあります。各ページの終わりにはそのレクで起こりそうなことを具体的な言葉として挙げてありますが、何がそれに当たるのかは子どもの判断では難しい場面もあります。指導者が注意深く観察してください。

2 無理なく楽しもう！パスしても OK！

子ども自身が活動に不安を感じているようなら「パス」と宣言して、その場で見ているだけで参加していることとします。見ているうちにできそうに思えたらいつでも参加してよいので、レク係や指導者がタイミングよく誘うことも大事です。「パスOK」は、「嫌なこと、できないことは無理強いされない」ことを示す安全・安心のキーワードです。それを許容する集団には、「寛容」の風土が自ずと醸成されます。

3 ほかで話さない！持ち出し禁止！

その場で起こったことはその場限りのこととして、ほかの場所では話題にしないということです。自分には楽しかったことでも、ほかの人にとっては嫌だったり不安を感じたりしたことだったかもしれません。また、心を開いた仲間だからこそ、自己開示ができたのかもしれません。この場のことはこの場限りのこととして、ほかの場やほかの人には言わないということを説明してください。

レク名	ねらい	指導のポイント
❶ 命令ゲーム (P.10)	みんなと同じ動きができたり、失敗したりすることを通して、みんなでレクをすることの楽しさを味わう。	レク係が、参加者が思わず間違えるような命令が出せるように事前に練習しておく。当日はレク係の命令のことばと、動きを全員で確認し、練習してから始める。
❷ Let's ぱぴぷぺぽん (P.12)	ぱぴぷぺぽという口の感覚や音を楽しみながら、みんなと一緒に歌うことを楽しむ。	レク係が歌う声で覚えるので、レク係がぱぴぷぺぽんで歌えるように、事前に歌の練習をする。当日は、レク係が中心となって、１フレーズごとにぱぴぷぺぽんで歌う感覚に慣れるよう練習をリードする。
❸ 後出しじゃんけん (P.14)	ルールに応じたじゃんけんの仕方を楽しむ。	レク係はじゃんけんの手をあえて速く出したり、遅く出したりして、盛り上げられるように練習しておく。
❹ アップダウンキャッチ (P.18)	相手とふれあいながら、指示を聞いて動くことやミスしてしまうことを楽しむ。	レク係はみんなが聞き取りやすいように、はっきりと言う練習や、みんながひっかかる言い方の練習をする。
❺ お絵かきリモコン (P.20)	聞き取ったことを、絵で表現するおもしろさや、それがひとりひとり異なることを楽しむ。	レク係はヒントを必ず１回に一つずつ発表することを徹底する。ヒントには大きさ、画面の中の位置を盛り込むようにする。ゆっくりわかりやすい伝え方ができるようにする。
❻ お絵かきしりとり (P.22)	自分や相手の感じ方の違いを楽しみながら、仲間意識をもつ。	必ず記入シートを見せながらレク前に一連の流れを説明し、全員が理解してから始めるようにする。レク係が次に回すように指示するときに、やること（前の人の絵の名前を下に書くこと、送られてきた自分の絵の名前を上に書くことなど）をその都度言うようにする。
❼ リズム九九遊び (P.24)	励ましあったり工夫を重ねたりして、協力する気持ちをもつ。	名前を呼ぶタイミング、九九を唱えるタイミングを練習してから始める。名前を呼ぶ１回目は、手拍子２拍のあと、膝打ち２拍のときに「○○さん」、九九を唱える２回目は手打ち２拍「にろく」、膝打ち２拍「じゅうに」となる。レク係の見本から理解させて始める。
❽ 軍手回しリレー (P.26)	相手と動きを合わせながら軍手をリレーすることを楽しむ。	軍手を回す役は、常に通路側の人がすることを徹底する。立ち上がったり、軍手を投げたりして渡すことがないように、予めそれらの行為を禁止する旨を伝えておくようにする。
❾ え～！ (P.28)	同じ言葉でも状況によって言い方が異なることに気づき、相手の言い方をヒントに、どんな時に発せられることばなのか考える。	レク係の見本が大事になるので、なるべく大げさに感情を込めた「え～！」をできるようにしておく。マイクを回しながらひとりひとりの「え～！」を楽しめるように、「○○さんの番です！」などと、レク係がだれがやっているのかなどを実況しながら進めると盛り上がる。
❿ 手拍子チームワーク (P.30)	全員でリズムを合わせた手拍子をすることにより、みんなで心を一つにする楽しさを体験する。	乗車後、レクタイムの始めや終わりに使うと効果的。リーダーの歯切れのよいかけ声が大事なので、できるように練習しておく。
⓫ それは何でしょう？ (P.32)	上手に質問したり、情報を結びつけたりして答えを見つける楽しさを知る。	解答者ペアは必ずひとり１回ずつ質問する。答えを言うときは２人で相談してから言うようにする。
⓬ クイズぱぴぷぺぽん (P.34)	目的地のことを考えながら一緒にクイズを作ったり答えたりすることで仲間意識をもつ。	広いテーマにすると、多くのことばが当てはまり、答えが当たりにくくなるので、適当なテーマを予め考えておくようにする。出した問題と違っていても、音が合っているものについては、「ぴぴペ！（いいね！）」などと反応するようにしておくと楽しい。
⓭ ○○と言えば？ (P.36)	校外行事を通して自分と似た考えや、自分と違う考えを知り、お互いに認め合える。	同じものを出せた喜びだけを追うことのないように、みんなと違うものを出したことにも価値があることを意識づける。
⓮ あるの？ないの？ジャッジをどうぞ (P.38)	目的地について知識を深めながら、手拍子や答えが合う心地よさを楽しむ。	最初はレク係が行き先にあるものの例を言って全員で練習する。あるなしのジャッジより、お題に関するものを言うときに詰まることがあるので、行事の前の事前学習のときなどに行き先にあるものを予告して考えさせておく。

みんながハッピー！ レクリエーションアイデア 早見表

1巻《かん》「学年・クラスレク」

ページ	番号	レク	ねらい	時間	準備《じゅんび》	人数	場所	こんなときに	どんなレク？
10	1	順番《じゅんばん》に並《なら》ぼう	自分や友達《ともだち》をしょうかいしよう！	5〜10分	有《あり》	5人以上《いじょう》	教室/体育館	学年・クラス行事/たてわり班《はん》活動/キャンプファイヤー	声を出さずに決めたテーマに沿《そ》ってみんなで順番《じゅんばん》に並《なら》びましょう。
12	2	自己《じこ》しょうかいすごろく		20分	有《あり》	1班《はん》4〜5人	教室	学年・クラス行事/たてわり班《はん》活動	すごろくで自己《じこ》しょうかい！　友達《ともだち》の意外な一面を知れるかも。
14	3	友達《ともだち》しょうかいをつなごう		15分	有《あり》	1班《はん》4〜5人	教室	学年・クラス行事/たてわり班《はん》活動/バス移動《いどう》	順番《じゅんばん》に自己《じこ》しょうかい！　前の人の自己《じこ》しょうかいもおぼえているでしょうか？
16	4	いっしょに立とう	きもちをぴったり合わせよう！	10分	有《あり》	1班《はん》2〜3人	体育館	学年・クラス行事/たてわり班《はん》活動/キャンプファイヤー	ペアの人とうでを組み、いっしょに立ち上がりましょう。
18	5	パチパチリレー		5分	無《なし》	8人以上《いじょう》	教室/体育館	学年・クラス行事/たてわり班《はん》活動/バス移動《いどう》/キャンプファイヤー	みんなでパチパチと、拍手《はくしゅ》をリレーのようにつなぎましょう！
20	6	たおさずキャッチ		20分	有《あり》	1班《はん》2人	体育館/校庭	学年・クラス行事/たてわり班《はん》活動	相手が離《はな》した棒《ぼう》を、たおれる前にキャッチ！
22	7	魔法《まほう》のじゅうたんレース		20分	有《あり》	1班《はん》3人	体育館	学年・クラス行事/たてわり班《はん》活動	アラジン役の人を新聞紙の上に乗せて運ぶレースです。
24	8	あなたからもらったものは…	仲間《なかま》を受け止めよう	10分	有《あり》	1班《はん》4〜5人	教室	学年・クラス行事/たてわり班《はん》活動	ジェスチャーで見えないものをわたします。何をわたされたか想像《そうぞう》しましょう。
26	9	ナイス！アイデア！		30〜45分	有《あり》	1班《はん》4〜5人	教室	学年・クラス行事	班《はん》のみんなで海賊《かいぞく》を説得《せっとく》するアイデアを考えましょう。
28	10	支《ささ》え合うってすてきだね		15分	無《なし》	1班《はん》5人以上《いじょう》	体育館	学年・クラス行事/キャンプファイヤー	体をいすのようにして、おたがいの体を支《ささ》えて大きな輪《わ》をつくります。
30	11	名たんていになろう	チームでまとまろう！	20分	有《あり》	1班《はん》4〜5人	教室	学年・クラス行事/たてわり班《はん》活動/バス移動《いどう》	相手が選《えら》んだキャラクターを質問《しつもん》して当ててみましょう。
32	12	じゃんけん城《しろ》くずし		20分	有《あり》	1班《はん》6人	教室/体育館	学年・クラス行事/たてわり班《はん》活動	2班《はん》に分かれてじゃんけん対決！　どんどん城《しろ》に攻《せ》め込《こ》みましょう！
34	13	オーバー・ザ・シー		30分	有《あり》	1班《はん》3〜4人	教室	学年・クラス行事	魔法《まほう》のじゅもん「オーバー・ザ・シー！」を使って都道府県《とどうふけん》の陣取《じんと》り合戦《がっせん》！
37	14	レッツ・ターン・オーバー		30分	有《あり》	1班《はん》7〜10人	体育館	学年・クラス行事/たてわり班《はん》活動	自分たちのカードを守りながら、相手のカードをどんどんひっくり返します。

2巻《かん》「たてわりレク」

ページ	番号	レク	ねらい	時間	準備《じゅんび》	人数	場所	こんなときに	どんなレク？
10	1	名刺交換《めいしこうかん》、よろしくね	ほかの学年の友達《ともだち》と知り合おう！	15分	有《あり》	1班《はん》6〜10人	教室/体育館	学年・クラス行事/たてわり班《はん》活動	名刺《めいし》を交換《こうかん》しながら、好《す》きなものを教え合います。
12	2	何が好《す》き？		25分	有《あり》	1班《はん》6〜10人	教室	学年・クラス行事/たてわり班《はん》活動	同じものが好《す》きな人が集まり、語り合います。
14	3	リズムでつなごうみんなの輪《わ》		15分	有《あり》	1班《はん》6〜10人	教室/体育館	学年・クラス行事/たてわり班《はん》活動	手やひざをリズミカルにたたきながら、名前を呼《よ》び合います。
16	4	くっつき虫	ふれあってきずなを深めよう！	15分	無《なし》	1班《はん》2人	教室/体育館	学年・クラス行事/たてわり班《はん》活動/キャンプファイヤー	2人組で体の一部をくっつけたまま動いてみましょう。
18	5	人間ちえの輪《わ》		25分	有《あり》	1班《はん》6〜10人	教室/体育館	学年・クラス行事/たてわり班《はん》活動/キャンプファイヤー	みんなで手をつないで、ちえの輪《わ》をつくります。うまくほどけるでしょうか？
20	6	勝て勝てパワーじゃんけん		20分	有《あり》	1班《はん》6〜10人	教室/体育館	学年・クラス行事/たてわり班《はん》活動/キャンプファイヤー	「勝て勝て！」とパワーを送りながら背中《せなか》をさすってじゃんけんぽん！
22	7	ギュッと団結《だんけつ》！		20分	有《あり》	1班《はん》6〜10人	教室/体育館	学年・クラス行事/たてわり班《はん》活動	1枚《まい》の新聞紙にみんなで乗って、支《ささ》え合いましょう！
24	8	この動物何だ？	相談しながら答えを見つけよう！	20分	有《あり》	1班《はん》6〜10人	教室/体育館	学年・クラス行事/たてわり班《はん》活動/キャンプファイヤー	体の動きだけで、何の動物か伝《つた》えましょう。
26	9	記憶力《きおくりょく》お絵かきゲーム		25分	有《あり》	1班《はん》6〜10人	教室/体育館	学年・クラス行事/たてわり班《はん》活動	見本の絵をおぼえて、班《はん》のみんなでリレーしながら絵を完成《かんせい》！
28	10	記念撮影《きねんさつえい》「はい、ポーズ！」		20分	有《あり》	1班《はん》6〜10人	教室/体育館	学年・クラス行事/たてわり班《はん》活動	相手の班《はん》のポーズはどこが変《か》わったでしょうか？　まちがえ探《さが》しを楽しんで。
30	11	何の音かな？		20分	有《あり》	1班《はん》6〜10人	教室	学年・クラス行事/たてわり班《はん》活動/キャンプファイヤー	音を聞いて、何の音かを相談して答えましょう。
32	12	動物歌合戦《うたがっせん》	心を合わせてもっと仲《なか》よくなろう！	10分	有《あり》	1班《はん》6〜10人	教室/体育館	学年・クラス行事/たてわり班《はん》活動/キャンプファイヤー	動物の鳴き声をまねしながら歌合戦《うたがっせん》。
34	13	サイン送りじゃんけん		15分	無《なし》	1班《はん》6〜10人	体育館	学年・クラス行事/たてわり班《はん》活動/キャンプファイヤー	仲間《なかま》だけのサインでじゃんけんの手を決めて、いざ勝負！
36	14	シュート＆キャッチ		20分	有《あり》	1班《はん》6〜10人	校庭/体育館	学年・クラス行事/たてわり班《はん》活動	ゴールマンの持っている箱に向かってボールをシュート！
38	15	円陣《えんじん》手つなぎ風船ラリー		20分	有《あり》	1班《はん》6〜8人	体育館	学年・クラス行事/たてわり班《はん》活動	輪《わ》になって手をつなぎ、風船を落とさないように打ち上げます。

このシリーズでしょうかいしているレクの一覧表《いちらんひょう》です。レクのねらい、時間、準備《じゅんび》、人数、場所、向いているタイミング、内容《ないよう》がすぐにわかるので、レクを選《えら》ぶときに活用してください。このシリーズではイベント別にレクをしょうかいしていますが、そのほかにもそのレクを楽しめる機会《きかい》があります。「こんなときに」を参考《さんこう》にしてください。

3巻《かん》「バスレク」

ページ	番号	レク	ねらい	時間	準備《じゅんび》	人数	場所	こんなときに	どんなレク？
10	1	命令《めいれい》ゲーム	失敗《しっぱい》を おそれず 楽しもう	10分	無《なし》	4人以上《いじょう》	バス/教室	学年・クラス行事/たてわり班《はん》活動 /**バス移動《いどう》**/キャンプファイヤー	リーダーの指示《しじ》に合わせて動きます。まちがえないようにできるでしょうか？
12	2	Let's ぱぴぷぺぽん		15分	有《あり》	1班《はん》 6～10人	バス/教室	学年・クラス行事/たてわり班《はん》活動 /**バス移動《いどう》**/キャンプファイヤー	いろいろな歌を「ぱぴぷぺぽ」で言いかえて歌いましょう。
14	3	後出しじゃんけん		10分	無《なし》	1班《はん》 4人以上《いじょう》	バス/教室	学年・クラス行事/たてわり班《はん》活動 /**バス移動《いどう》**/キャンプファイヤー	後出しなのに難《むずか》しい！　相手に負ける手を出してみましょう。
18	4	アップダウン キャッチ		10分	無《なし》	2人以上《いじょう》	バス/教室	学年・クラス行事/たてわり班《はん》活動 /**バス移動《いどう》**/キャンプファイヤー	相手の指をタイミングよくぎゅっとつかまえる手あそびです。
20	5	お絵かきリモコン	バスでもっと 仲《なか》よく	20分	有《あり》	2人以上《いじょう》	バス/教室	学年・クラス行事/**バス移動《いどう》**	レク係のことばからイメージをふくらませてお絵かきをします。
22	6	お絵かきしりとり		20分	有《あり》	1班《はん》 4～8人	バス/教室	学年・クラス行事/**バス移動《いどう》** /たてわり班《はん》活動	ことばを使わず、絵をかいてしりとりをしましょう。
24	7	リズム九九遊び		10分	無《なし》	4人以上《いじょう》	バス/教室	学年・クラス行事/**バス移動《いどう》**	リズムに合わせて手やひざをたたきながら、九九をとなえます。
26	8	軍手《ぐんて》回しリレー		10分	有《あり》	1班《はん》 6人以上《いじょう》	バス/教室	学年・クラス行事/たてわり班《はん》活動 /**バス移動《いどう》**	手拍子《てびょうし》しながら、軍手《ぐんて》をどんどんリレーしていきましょう。
28	9	え～！		15分	有《あり》	1班《はん》 8～10人	バス/教室	学年・クラス行事/たてわり班《はん》活動 /**バス移動《いどう》**	相手がどんな状況《じょうきょう》の「え～！」を表現《ひょうげん》しているか当ててみましょう。
30	10	手拍子《てびょうし》チームワーク		5分	無《なし》	4人以上《いじょう》	バス/教室	学年・クラス行事/たてわり班《はん》活動 /**バス移動《いどう》**/キャンプファイヤー	かけ声にあわせて、手拍子《てびょうし》をつないでいきます。
32	11	それは 何でしょう？		20分	無《なし》	1班《はん》4人	バス/教室	学年・クラス行事/**バス移動《いどう》** /たてわり班《はん》活動	質問《しつもん》を重ねて、相手が想像《そうぞう》しているものを当てましょう。
34	12	クイズぱぴぷぺぽん	行事をより 楽しもう！	15分	有《あり》	4人以上《いじょう》	バス/教室	学年・クラス行事/たてわり班《はん》活動 /**バス移動《いどう》**/キャンプファイヤー	「ぱぴぷぺぽ」で言いかえたことばを聞いて、それが何か当てましょう。
36	13	○○と言えば？		15分	有《あり》	4人以上《いじょう》	バス/教室	学年・クラス行事/たてわり班《はん》活動 /**バス移動《いどう》**	お題から連想《れんそう》するものを考えてあそびましょう。
38	14	あるの？ないの？ ジャッジをどうぞ		15分	無《なし》	4人以上《いじょう》	バス/教室	学年・クラス行事/たてわり班《はん》活動 /**バス移動《いどう》**/キャンプファイヤー	バスの行き先にあるものをリズムにのせて発表します。

4巻《かん》「キャンプファイヤーレク」

ページ	番号	レク	ねらい	時間	準備《じゅんび》	人数	場所	こんなときに	どんなレク？
12	1	リズムでセッション	一体感を 味わおう！	20分	有《あり》	1班《はん》 4～5人	広場/教室	学年・クラス行事/たてわり班《はん》活動 /バス移動《いどう》/**キャンプファイヤー**	ひとりがつくったリズムをみんなでまねしてリレーします。
14	2	言うこといっしょ！ やること反対！		10分	無《なし》	5人以上《いじょう》	広場/校庭	学年・クラス行事/たてわり班《はん》活動 /**キャンプファイヤー**	レク係のかけ声や動きに合わせて動いたり、反対に動いたりします。
16	3	あんたがたどこさ		15分	無《なし》	5人以上《いじょう》	広場/校庭	学年・クラス行事/たてわり班《はん》活動 /**キャンプファイヤー**	みんなで輪《わ》になり、歌に合わせて、右へ左へと動きましょう。
18	4	いくぞバンバン		15分	無《なし》	5人以上《いじょう》	広場/校庭	学年・クラス行事/たてわり班《はん》活動 /**キャンプファイヤー**	ふしぎなかけ声に合わせて、みんなで楽しく動きましょう。
20	5	クワガタガシガシ		15分	無《なし》	5人以上《いじょう》	広場/校庭	学年・クラス行事/たてわり班《はん》活動 /**キャンプファイヤー**	みんなでクワガタになりきってみましょう。
22	6	THE 飛行石《ひこうせき》！		20分	有《あり》	1班《はん》4人	広場/校庭	学年・クラス行事/たてわり班《はん》活動 /**キャンプファイヤー**	新聞紙でできた「飛行石《ひこうせき》」を新聞紙に乗せてリレーします。
24	7	ぴよぴよさん	きもちを 解放《かいほう》させよう！	15分	無《なし》	5人以上《いじょう》	広場/校庭	学年・クラス行事/たてわり班《はん》活動 /**キャンプファイヤー**	レク係の動きをまねしてあそびましょう。
26	8	落ちた落ちた		10分	無《なし》	5人以上《いじょう》	広場/教室	学年・クラス行事/たてわり班《はん》活動 /バス移動《いどう》/**キャンプファイヤー**	かけ声に合わせていろいろなものを拾うジェスチャーをしましょう。
28	9	成長《せいちょう》じゃんけん		20分	無《なし》	6人以上《いじょう》	広場/校庭	学年・クラス行事/たてわり班《はん》活動 /**キャンプファイヤー**	勝つたびに成長《せいちょう》していくじゃんけんあそびです。
30	10	鳴き声集まり		15分	有《あり》	1班《はん》 4～5人	広場/校庭	学年・クラス行事/たてわり班《はん》活動 /**キャンプファイヤー**	動物になったつもりで鳴き声をたよりに仲間《なかま》を探《さが》しましょう。
32	11	シュウマイ じゃんけん		10分	無《なし》	1班《はん》3人	広場/教室	学年・クラス行事/たてわり班《はん》活動 /**キャンプファイヤー**	グーチョキパーを材料《ざいりょう》に見立てて、シュウマイの完成《かんせい》を目指します。
34	12	木の中のリス	きずなを 深めよう	20分	有《あり》	16人以上《いじょう》	広場/校庭	学年・クラス行事/たてわり班《はん》活動 /**キャンプファイヤー**	木やリスになったつもりでオオカミのセリフに合わせて動きます。
36	13	もうじゅう狩《が》り		15分	無《なし》	10人以上《いじょう》	広場/校庭	学年・クラス行事/たてわり班《はん》活動 /**キャンプファイヤー**	歌とダンスをしながら、動物の名前の文字数に合わせて集まります。
38	14	フープ回しリレー		15分	有《あり》	1班《はん》 8～10人	広場/校庭	学年・クラス行事/たてわり班《はん》活動 /**キャンプファイヤー**	みんなで輪《わ》になり、フラフープをくぐって一周《いっしゅう》させます。
40	15	仲間《なかま》を見つけよう		15分	有《あり》	10人以上《いじょう》	広場/校庭	学年・クラス行事/たてわり班《はん》活動 /**キャンプファイヤー**	同じカードを持った人を声を出さずに見つけましょう。

12ページ「Let's ぱぴぷぺぽん」　34ページ「クイズ ぱぴぷぺぽん」

ダウンロードはここから←

ぱぴぷぺぽん五十音シート

ん	わ	ら	や	ま	は	な	た	さ	か	あ
ん	ぱ	ぱ	ぱ	ぱ	ぱ	ぱ	ぱ	ぱ	ぱ	ぱ
		り		み	ひ	に	ち	し	き	い
		ぴ		ぴ	ぴ	ぴ	ぴ	ぴ	ぴ	ぴ
		る	ゆ	む	ふ	ぬ	つ	す	く	う
		ぷ	ぷ	ぷ	ぷ	ぷ	ぷ	ぷ	ぷ	ぷ
		れ		め	へ	ね	て	せ	け	え
		ぺ		ぺ	ぺ	ぺ	ぺ	ぺ	ぺ	ぺ
	を	ろ	よ	も	ほ	の	と	そ	こ	お
	ぽ	ぽ	ぽ	ぽ	ぽ	ぽ	ぽ	ぽ	ぽ	ぽ

＊小さい文字「っ」「ゃ」「ゅ」「ょ」は置《お》きかえません。

20ページ「お絵かきリモコン」お手本シート

ダウンロードはここから←

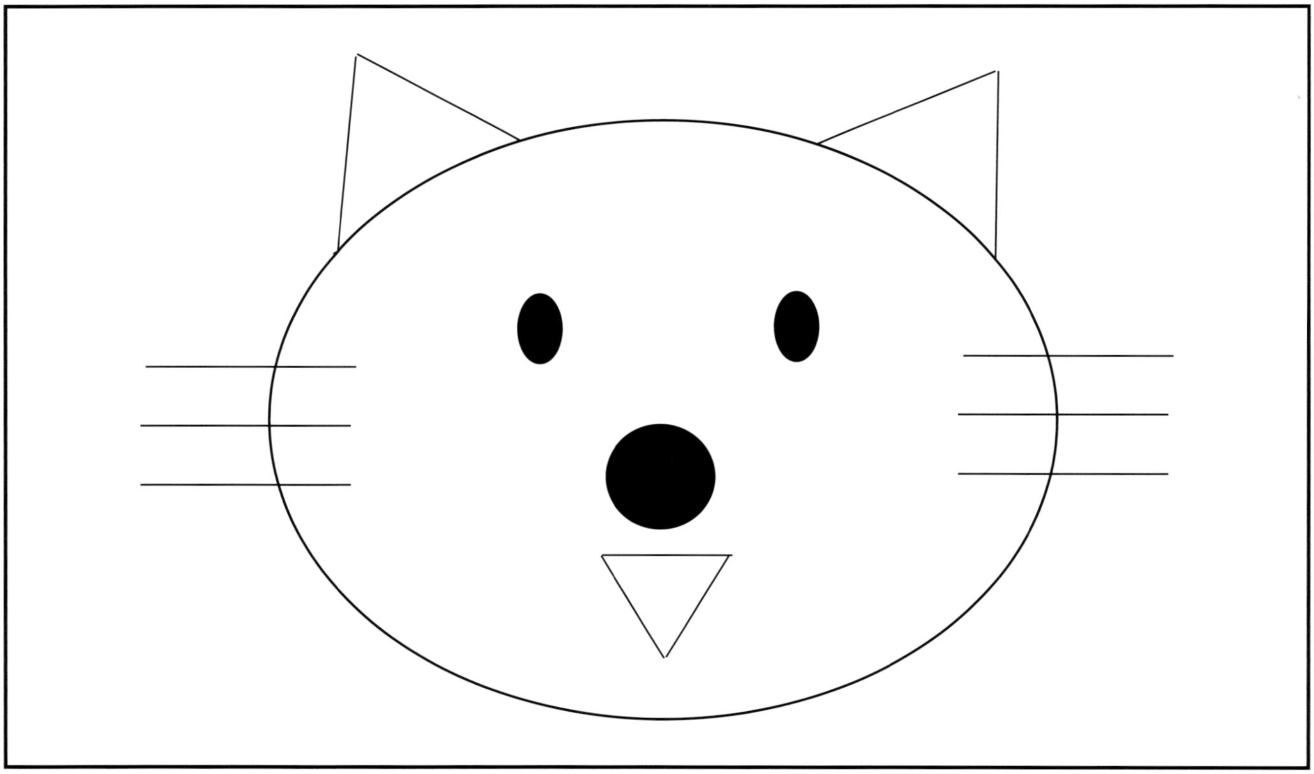

22ページ

「お絵かきしりとり」シート

名前：

前の人から絵を受け取ったら書きましょう

きっと

前の人が
かいたものの
名前

自分の絵がもどってきたら書きましょう

実は

自分がかいた
ものの名前

24 ページ

「リズム九九遊び」九九表

ダウンロードは
ここから➡

1の段《だん》

1《いん》 × 1《いち》 =《が》 1《いち》

1《いん》 × 2《に》 =《が》 2《に》

1《いん》 × 3《さん》 =《が》 3《さん》

1《いん》 × 4《し》 =《が》 4《し》

1《いん》 × 5《ご》 =《が》 5《ご》

1《いん》 × 6《ろく》 =《が》 6《ろく》

1《いん》 × 7《しち》 =《が》 7《しち》

1《いん》 × 8《はち》 =《が》 8《はち》

1《いん》 × 9《く》 =《が》 9《く》

2の段《だん》

2《に》 × 1《いち》 =《が》 2《に》

2《に》 × 2《にん》 =《が》 4《し》

2《に》 × 3《さん》 =《が》 6《ろく》

2《に》 × 4《し》 =《が》 8《はち》

2《に》 × 5《ご》 = 10《じゅう》

2《に》 × 6《ろく》 = 12《じゅうに》

2《に》 × 7《しち》 = 14《じゅうし》

2《に》 × 8《はち》 = 16《じゅうろく》

2《に》 × 9《く》 = 18《じゅうはち》

3の段《だん》

3《さん》 × 1《いち》 =《が》 3《さん》

3《さん》 × 2《に》 =《が》 6《ろく》

3《さ》 × 3《ざん》 =《が》 9《く》

3《さん》 × 4《し》 = 12《じゅうに》

3《さん》 × 5《ご》 = 15《じゅうご》

3《さぶ》 × 6《ろく》 = 18《じゅうはち》

3《さん》 × 7《しち》 = 21《にじゅういち》

3《さん》 × 8《ぱ》 = 24《にじゅうし》

3《さん》 × 9《く》 = 27《にじゅうしち》

4の段《だん》

4《し》 × 1《いち》 =《が》 4《し》

4《し》 × 2《に》 =《が》 8《はち》

4《し》 × 3《さん》 = 12《じゅうに》

4《し》 × 4《し》 = 16《じゅうろく》

4《し》 × 5《ご》 = 20《にじゅう》

4《し》 × 6《ろく》 = 24《にじゅうし》

4《し》 × 7《しち》 = 28《にじゅうはち》

4《し》 × 8《は》 = 32《さんじゅうに》

4《し》 × 9《く》 = 36《さんじゅうろく》

5の段《だん》

5《ご》 × 1《いち》 =《が》 5《ご》

5《ご》 × 2《に》 = 10《じゅう》

5《ご》 × 3《さん》 = 15《じゅうご》

5《ご》 × 4《し》 = 20《にじゅう》

5《ご》 × 5《ご》 = 25《にじゅうご》

5《ご》 × 6《ろく》 = 30《さんじゅう》

5《ご》 × 7《しち》 = 35《さんじゅうご》

5《ご》 × 8《は》 = 40《しじゅう》

5《ごっ》 × 9《く》 = 45《しじゅうご》

6の段《だん》

6《ろく》 × 1《いち》 =《が》 6《ろく》

6《ろく》 × 2《に》 = 12《じゅうに》

6《ろく》 × 3《さん》 = 18《じゅうはち》

6《ろく》 × 4《し》 = 24《にじゅうし》

6《ろく》 × 5《ご》 = 30《さんじゅう》

6《ろく》 × 6《ろく》 = 36《さんじゅうろく》

6《ろく》 × 7《しち》 = 42《しじゅうに》

6《ろく》 × 8《は》 = 48《しじゅうはち》

6《ろっ》 × 9《く》 = 54《ごじゅうし》

7の段《だん》

7《しち》 × 1《いち》 =《が》 7《しち》

7《しち》 × 2《に》 = 14《じゅうし》

7《しち》 × 3《さん》 = 21《にじゅういち》

7《しち》 × 4《し》 = 28《にじゅうはち》

7《しち》 × 5《ご》 = 35《さんじゅうご》

7《しち》 × 6《ろく》 = 42《しじゅうに》

7《しち》 × 7《しち》 = 49《しじゅうく》

7《しち》 × 8《は》 = 56《ごじゅうろく》

7《しち》 × 9《く》 = 63《ろくじゅうさん》

8の段《だん》

8《はち》 × 1《いち》 =《が》 8《はち》

8《はち》 × 2《に》 = 16《じゅうろく》

8《はっ》 × 3《さん》 = 24《にじゅうし》

8《はち》 × 4《し》 = 32《さんじゅうに》

8《はち》 × 5《ご》 = 40《しじゅう》

8《はち》 × 6《ろく》 = 48《しじゅうはち》

8《はち》 × 7《しち》 = 56《ごじゅうろく》

8《はっ》 × 8《ぱ》 = 64《ろくじゅうし》

8《はっ》 × 9《く》 = 72《しちじゅうに》

9の段《だん》

9《く》 × 1《いち》 =《が》 9《く》

9《く》 × 2《に》 = 18《じゅうはち》

9《く》 × 3《さん》 = 27《にじゅうしち》

9《く》 × 4《し》 = 36《さんじゅうろく》

9《く》 × 5《ご》 = 45《しじゅうご》

9《く》 × 6《ろく》 = 54《ごじゅうし》

9《く》 × 7《しち》 = 63《ろくじゅうさん》

9《く》 × 8《は》 = 72《しちじゅうに》

9《く》 × 9《く》 = 81《はちじゅういち》

28 ページ 「え～！」お題シート

ダウンロードはここから

① かいじゅうが大暴《あば》れしているのを見た！ 恐怖《きょうふ》の「え～！」

② トイレに行きたいのに全部うまっている！ あせりの「え～！」

③ 行きたい店が休みだった！ ショックの「え～！」

④「宿題は永遠《えいえん》にナシ！」だって！ うれしい「え～！」

⑤ アイドルが転校してくる！ 信《しん》じられないの「え～！」

⑥ 友達《ともだち》から「ワタシハ宇宙《うちゅう》人デス」と言われた。あやしむ「え～！」

番号カード

①	②	③
④	⑤	⑥

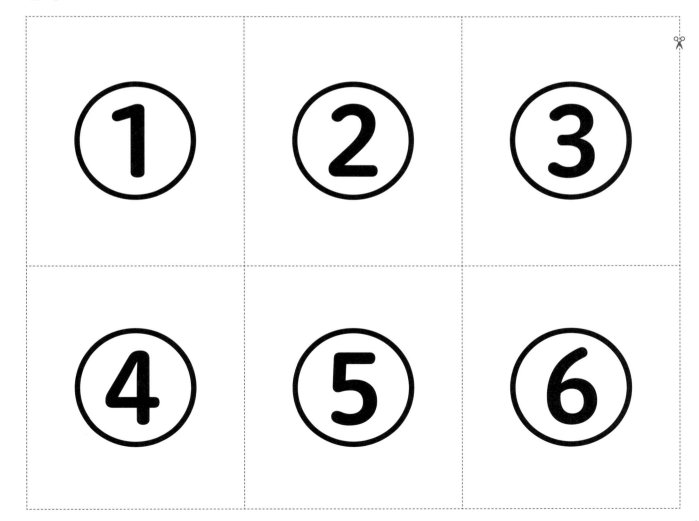

★ 監修 ★

蒲地《かまち》啓子《けいこ》（帝京大学大学院教職研究科 客員准教授）

横浜市立小学校教員、横浜市教育委員会首席指導主事、横浜市立小学校長、横浜市教育委員会人権教育・児童生徒課担当課長等を経て現職に。学級を担任せず児童指導と特別支援教育を専らにする横浜市独自の児童支援専任教諭の育成や、いじめ・不登校の未然防止策としての「子どもの社会的スキル横浜プログラム」の作成及び改訂に継続的にかかわる。公認心理師、学校心理士 。横浜市児童指導教育研究会相談役。

土井《どい》 純《じゅん》（横浜市立綱島東小学校長）

横浜市立小学校教員、横浜市教育委員会主任指導主事を経て現職に。いじめ・暴力行為・発達障害・不登校、日本語指導の必要な児童生徒等、児童生徒の諸課題に対応する児童支援・生徒指導専任教諭の育成に関わる。研究論文集「生徒指導学研究」（学事出版）第22号で「生徒指導提要の目的を具現化する『子どもの社会的スキル横浜プログラム』」を執筆。横浜市児童指導教育研究会副会長。

横浜市《よこはまし》児童《じどう》指導《しどう》教育《きょういく》研究会《けんきゅうかい》

1996年に学級経営や児童指導を学ぶ教員の研究会として発足。横浜市にて年間10回程度の研究会を開催。横浜市独自のグループアプローチ「子どもの社会的スキル横浜プログラム（横浜プログラム）」を中心に、だれもが安心して豊かに学べる授業づくり・学級づくり・学校づくりについて研究を重ねている。

表紙イラスト……トリバタケハルノブ
本文イラスト……トリバタケハルノブ
さいとうあずみ
オカダケイコ
イラスト協力……宮原美香
デザイン……渡邊民人・森岡菜々（TYPEFACE）
編集……西野 泉・小園まさみ（編集室オトナリ）
校正……文字工房燦光
取材協力……横浜市立羽沢小学校

みんながハッピー！　レクリエーションアイデア③

バスレク

発　行　2025年4月　第１刷

監　修　蒲地啓子（帝京大学大学院教職研究科 客員准教授）
土井 純（横浜市立綱島東小学校長）
横浜市児童指導教育研究会
発行者　加藤裕樹
編　集　片岡陽子
発行所　株式会社ポプラ社
〒141-8210　東京都品川区西五反田3-5-8　JR目黒MARCビル12階
ホームページ　www.poplar.co.jp（ポプラ社）
kodomottolab.poplar.co.jp（こどもっとラボ）
印刷・製本　大日本印刷株式会社

ISBN978-4-591-18494-3　N.D.C.374　49p　29cm　Printed in Japan

P7265003

あそびをもっと、
まなびをもっと。

こどもっとラボ